일하는 제자라면
이만한 믿음으로

일하는 제자라면 이만한 믿음으로

저자 원용일

초판 1쇄 발행 2019. 8. 21.

발행처 도서출판 브니엘
발행인 권혁선

등록번호 서울 제2006-50호
등록일자 2006. 9. 11.

서울특별시 송파구 백제고분로28길 25 B101호 (05590)
마케팅부 02)421-3436
편집부 02)421-3487
팩시밀리 02)421-3438

ISBN 979-11-86092-99-6 03230

독자의견 02)421-3487
이메일 editorkhs@empal.com

북카페 주소 cafe.naver.com/penielpub.cafe
페이스북 www.facebook.com/penielbooks
인스타그램 @peniel_books

도서출판 브니엘은 독자들의 책에 관한 아이디어나 원고를 설레는 마음으로 기다리고
있습니다. 책으로 엮기를 원하는 아이디어가 있으신 분은 위의 이메일로 간단한 개요와
취지, 연락처 등을 보내주십시오. 머뭇거리지 말고 문을 두드리세요. 길이 열립니다.

도서출판 브니엘은 갓구운 빵처럼 항상 신선한 책만을 고집합니다.

오늘,
일터에서
믿음으로 일하는
제자로 산다

일하는 제자라면
이만한 믿음으로

원용일 | 직장사역연구소 소장

브니엘

예수님이 백부장의 종을 고쳐주시는 본문을 가지고 아마도 수십 차례는 설교를 했을 것 같다. 백부장의 모습이 직업세계의 조직과 인간관계의 상황을 잘 보여주고 있어서 직장인들과 말씀을 나누기에 참 좋았다. 직장예배나 신우회 모임뿐만 아니라 교회의 헌신예배에 가서도 자주 설교했다.

그런데 몇 년 전 어느 날, 성경을 통독하면서 누가복음 7장에 나오는 이 친숙한 본문을 보다가 "이만한 믿음"이라는 말씀이 마음에 다가왔다. 예수님이 백부장을 칭찬하시는 "이스라엘 중에서도 이만한 믿음(so great faith, KJV)은 만나보지 못하였노라"(눅 7:9)는 말씀에 따르면 틀림없이 믿음에도 수준이 있는 것이다. 크고 위대한 믿음은 어떤 믿음일까 스스로 질문했다.

창세기에 보면 아브라함이 백 살에 얻은 독자 이삭까지 제물로 바쳐서 하나님께 순종하려고 했다. 하나님께서 그것을 확인하시고 아브라함의 믿음을 인증해주신 말씀이 인상적이다. "네가 네 아들 네 독자까지도 내게 아끼지 아니하였으니 내가 이제야 네가 하나님을 경외하는 줄을 아노라"(창 22:12). 아브라함이 믿음의 수준으로 하나님을 만족시켰다. 체급이 올라가 헤비급의 믿음으로 하나님을 기쁘시게 해드렸다.

바울도 로마서에서 "믿음이 강한 우리는 마땅히 믿음이 약한 자의 약점을 담당해야 한다"고 말했다. 그래서 "이웃을 기쁘게 하되 선을 이루고 덕을 세우도록 하라"고 강조했다(롬 15:1-2). 교회 공동체 안에도 믿음이 강한 사람이 있고 약한 사람이 있다. 믿음이 강한 사람은 약한 사람을 도우고 세워주어야 진정한 공동체가 된다고 바울이 강조했다.

백부장이 칭찬받은 "이만한 믿음"을 염두에 두고 누가복음을 꼼꼼히 읽어나가기 시작했더니 예수님이 말씀하시고 가르쳐주신 믿음을 발견할 수 있었다. 이 책에 실린 열 네 편의 믿음에 대한 이야기는 누가복음에서 예수님이 직접 가르쳐주신 믿음에 대한 가르침이다. 제자들과 무리에게 예수님은 제자도가 무엇인지 분명하게 알려주셨다.

Part 1에서는 믿음으로 구원받아 제자로 태어나는 과정을 다루었다. 구원받는 믿음이 어떤 것인지 예수님이 알려주셨다. 백부장은 예수님을 단지 용한 의사로 생각한 것이 아니었다. 말씀만으로도 종의 중한 병을 고칠 수 있는 하나님으로 믿었기에 예수님은 이만한 믿음을 이스라엘에서도 만나보지 못했다고 칭찬하셨다. 또한 사람들이 데려온 한 중풍병자를 고쳐주시는 과정에서 예수님은 질병을 고침받으려는 그들의 믿음을 인정하셨다. 하지만 그들에게 필요한 믿음은 바로 죄 사함을 받는 믿음이라는 점을 분명히 하셨다. 구원을 얻기 위해서는 이런 믿음이 필요하다.

　믿음으로 예수님의 옷자락을 간절하게 붙잡은 여인은 결국 자신의 혈루증을 치유받았다. 믿음을 담은 터치에 주님이 분명한 느낌으로 응답하신 이 이적은 주님을 향한 간절함을 담은 믿음이 중요하다는 교훈을 준다. 예수님의 발에 향유를 붓고 머리털로 씻었던 여인은 죄를 용서받고 상처를 치유받은 은혜를 예수님을 향한 큰 사랑으로 표현했다. 죄책감이 없는 사람은 사랑을 표현할 줄 모르지만 여인은 크게 죄 사함을 받고 크게 사랑을 베풀어 "네 믿음이 너를 구원하였으니 평안히 가라"는 예수님의 복된 선언을 들었다. 불의한 재판장의 비유와 세리와 바리새인의 기도에 대한 비유를 통해 예수님은 하나님이 의롭다고 인정하는 믿음이 중요함을 알려주셨다. 누가 과연 하나님의 나라에 들어가는 사람인지 예수님은 이어지는 부자 관리와 삭개오의 사례를 통해 입증해주셨다.

　Part 2에서는 믿음으로 훈련받아 제자로 성장하는 과정을 다루었다. 제자들은 예수님에게 믿음을 더해달라고 기도했지만 예수님은 믿음은 양이 아니라 질이 중요하다는 점을 가르쳐주셨다. 겸손하게 충성을 다하는 종의 비유를 통해 참된 헌신의 믿음을 알려주셨다. 풍랑이 몰아치는 바다에서 허둥대는 제자들에게 예수님은 "믿음이 적은 자들"이라고 책망하시며 풍랑보다 크신 하나님을 의지하는 것이 믿음이라고 가르치셨다. 변화산에서 내려오신 후에도 예수님은 기도하지 않는 제자들과 무리에게 "믿음이 없고 패역한 세대"라고 꾸짖으셨다. 산 아래와산 위의 제자들 모두 왕년병에 걸려 기도하지 않음을 지적하신예수님은 기도하는 믿음이 일하는 제자의 훈련에 필수적임을강조하셨다.

예수님이 십자가로 가시는 길에서도 제자들은 믿음의 훈련을받으며 제자로 성장해야 했다. 베드로와 제자들은 장담하느라기도하지 못했는데, 예수님은 베드로의 믿음이 떨어지지 않기를 기도하셨다. 장담하는 대신 기도하는 것이 제자도의 필수적인 덕목임을 겟세마네 동산의 기도에서 분명하게 보여주셨다.부활하신 후에도 부활을 믿지 못하는 제자들에게 예수님은 다시 말씀을 가르치고 식사자리의 교제를 통해 부활을 깨닫게 하셨다. 우리도 부활하신 주님을 만나 부활의 소식을 증거하기 위해 길을 떠나야 한다.

Part 3에서는 주님의 참된 제자는 일하는 제자로 살아가야

함을 다루었다. 세상 사람들은 늘 염려하고 두려워하는데, 참된 제자라면 '까마귀와 백합화도 돌보시는 하나님이 하물며 하나님의 자녀를 돌보시지 않겠는가'라는 생각을 하고 믿음을 가져서 세상과 다른 가치를 추구해야 한다. 또한 믿음은 말씀을 듣는 것만으로 끝나는 것이 아니다. 말씀을 듣고 지키며 행함으로 믿음의 열매를 맺을 수 있어야 한다. 씨를 뿌리는 밭에 관한 예수님의 비유를 통해 인내로 결실하는 바람직한 믿음을 배울 수 있다.

평지설교의 결론 부분에서도 예수님은 행동으로 나타나는 믿음이 중요함을 강조하셨다. 행동하는 믿음은 삶 속에서 사랑의 실천을 통해 나타나야 한다. 마틴 루터가 믿음으로 구원받음을 강조한 것처럼 구원받은 자의 실천하는 믿음에 대한 강조가 오늘날의 새로운 종교개혁임을 예수님의 말씀을 통해 확인할 수 있다. 믿음으로 무장해서 일하는 제자가 되는 제자도를 배우는 이 책의 마지막 메시지는 여리고에서 예수님을 만나 눈을 뜬 시각장애인의 이야기이다. 예수님이 이 사람의 눈을 뜨게 해주신 것은 십자가 죽음과 부활에 대해 전혀 믿지 못했던 제자들을 향한 질책성 교훈이 담긴 이적이었다. 꽉 찬 '3호봉' 제자들을 제치고 '1일차' 제자였던 바디매오가 길에서 예수님을 따랐다. 바디매오의 기사와 이어지는 삭개오를 에필로그에서 살펴보며 예수님을 만난 후 일터에 남아 일터의 변혁을 모색하는 일하는 제자를 확인할 수 있다.

　본래 직업과 관련된 내용이 많은 누가복음의 메시지를 그간 제이에스건설과 동양물산기업에서 일터예배를 드리는 직원들과 함께 나누며 은혜를 받았다. 결코 믿음을 보이기 쉽지 않은 일터에서 일하는 제자로 살아가며 분투하는 이 땅의 직업인들이 예수님께서 칭찬하신 이만한 믿음을 가지고 승리하기를 기대한다. 누가복음의 믿음 메시지를 이 땅의 일하는 제자들과 함께 나누고 싶다.

글쓴이 원용일

P·A·R·T·1

믿음으로 구원받아
제자로 태어나다!

이만한 믿음은
만나보지 못하였노라

아프리카의 어느 외진 마을에서 의료봉사를 하던 한 서양인 의
사가 있었다. 그 동네에서는 결혼을 할 때 신랑이 보통 한 마리,
많으면 세 마리의 암소를 끌고 가서 신부의 아버지에게 건네주
고 청혼을 하는 풍습이 있었다. 그런데 무려 아홉 마리의 암소
를 끌고 가서 아내를 맞아온 한 청년이 있어서 의아했다. 그 청
년은 외국에서 공부하며 선진 영농기법과 축산기술을 배운 장
래가 촉망되는 청년이었다. 그런 청년이 암소 아홉 마리를 끌고
가서 청혼을 했지만 동네 사람들은 그 신부가 암소 아홉 마리에
적합하다고 생각하지 않았다. 시간이 흐른 후 휴가 때 그 의사

가 다시 아프리카의 그 마을을 방문해서 그 청년을 찾아갔다. 결혼에 관한 궁금증에 대해 묻는 의사에게 성공한 사업가가 된 그가 이렇게 대답했다.

"저는 제가 정말 사랑한 여인이 스스로 자신의 가치를 한 마리의 암소 값에 한정하고 평생 사는 것을 원하지 않았습니다. 청혼을 받을 때 몇 마리의 암소를 받았느냐가 평생 자기의 가치를 결정할 수 있기 때문에 저는 세 마리를 훨씬 넘는 암소 아홉 마리를 생각해낸 것입니다. 저는 결혼하고 나서 제 아내에게 공부를 하라거나 외모를 꾸미라고 요구한 적이 없습니다. 저는 있는 그대로의 제 아내를 사랑했고, 사랑한다고 이야기해주었을 뿐입니다. 그러자 아내가 차츰 저의 진심을 받아들이기 시작했습니다. 혹시 '나에게 암소 아홉 마리의 가치가 있는 것은 아닐까?'라고 생각하기 시작하는 것 같았습니다. 그 후로 아내는 '암소 아홉 마리'에 걸맞은 사람으로 변하기 시작했습니다. 아내는 더욱 건강해지고 아름다워졌습니다. 저는 예전이나 지금이나 아내를 똑같이 사랑하지만 이제 아내는 결혼할 당시의 모습보다 지금 자신의 모습을 더 사랑하는 것 같습니다. 처음에 수군거리던 동네 사람들도 요즘은 제 아내의 밝은 미소를 사랑해줍니다."

'암소 아홉 마리'라는 제목으로 잘 알려져 있지만 작자미상인 이 이야기는 여기서 끝난다. 사람들에게 가치를 중요하게 여기는 일은 참 중요하다는 교훈을 얻을 수 있다. 믿음의 '가치'도 참 중요하다. 히브리서 11장은 별명이 '믿음장'이다. 아벨, 에녹, 노아, 아브라함, 모세 등 믿음의 용사들을 다루고, 그런 유명한 사람들뿐만 아니라 온갖 박해와 고통을 이겨내고 믿음을 지킨 무명의 신앙 선배들의 역정을 소개한다. 그들의 삶에 대해서 한 문장으로 요약해준다. "이런 사람은 세상이 감당하지 못하느니라"(히 11:38).

그런데 세상이 감당하지 못한다는 말은 무슨 뜻일까? 영어성경에서는 이렇게 표현한다. "The world was not worthy of them"(NIV, 세상이 그들을 감당하지 못했다). 좀 더 풀어서 번역하면 "세상은 그들의 가치에 걸맞지 못했다"라는 뜻이다. 세상 사람들과 믿음을 가진 사람들은 왜 가치 기준이 다른가? 하나님 나라의 영원함을 가치 기준으로 삼는 사람들이 크리스천이기 때문이다. 세상 사람들은 크리스천의 영적인 가치, 고귀한 기준을 이해하지 못한다는 말이다. 이것이 크리스천의 믿음이다.

누가복음 7장에서 예수님의 칭찬을 받은 로마군 백부장이 바로 이런 가치 있는 믿음을 보여주었다. "이스라엘 중에서도 이만한 믿음은 만나보지 못하였노라"(눅 7:9). 예수님이 이렇게 크게 칭찬하신 사람이 복음서에 또 있는가? 이방인이고 직업인이었던 백부장이 가진 믿음이 과연 어떤 믿음이었는지 확인해보자.

예수님의 능력을
신뢰하는 믿음

　　　　　백부장은 사람의 생명을 주관하는 예수님을 믿었다. 죽어가는 병자도 살려낼 수 있는 신적 능력이 있는 분으로 예수님을 믿은 것이다. 백부장은 예수님에 대한 소문을 들었다(눅 7:3). 그래서 죽어가는 자기 종을 구원해달라고 유대인 장로들 중 몇 사람을 예수님에게 보냈다. 물론 이때 백부장이 처음으로 예수님에 대한 소문을 들은 것은 아니었을 수도 있으나 믿음이 들음에서 나는 것은 틀림없다(롬 10:17). 예수님은 그동안 갈릴리 여러 지역에서 활동하셨고, 여러 회당에서 가르치셨다(눅 4:14-15). 백부장이 사는 곳 가버나움에서도 귀신들을 쫓아내고 병자들을 고쳐주셨다. 그렇게 하신 예수님의 행적에 대한 소문이 널리 퍼졌다(눅 4:31-44).

　　백부장은 그런 소문들을 지속적으로 들어왔을 것이다. 그래서 그 소문의 대상인 예수님이 신적 능력을 가진 분이라는 사실을 어느 정도 알고 있었을 것이다. 예수님의 말씀을 직접 듣지는 못했겠지만 백부장은 예수님이 능력 있는 분이라는 믿음을 가지고 있었던 것은 분명하다. 어떻게 알 수 있는가? 자신의 종이 병들어 죽게 된 급한 상황에서 예수님이 종을 고쳐주실 수 있다고 생각했기 때문이다. 이런 생각이 바로 백부장의 믿음을 보여준다. 자신이 처한 어려움을 병자들을 고쳐주신다는 소문으로 들은 예수님의 능력과 연결시키고 있는 것이다.

우리도 어려움을 겪는다. 나 혼자 해결할 수 없는 딱한 상황에 처하기도 한다. 그런데 그때 아무런 생각도 들지 않고 그저 허둥대며 당황하고 눈물만 난다면 그것은 믿음이 없는 것이다. 믿음의 대상이 없는 것이다. 그때 문제를 해결하시는 하나님의 아들 예수님이 생각나고, 그분에게 어떻게든 자신의 문제를 연결하고 싶은 생각이 든다면 그것이 바로 믿음이다. 믿음은 대상이 있다. 누구를 믿는지, 무엇을 믿는지 분명하게 알고 있는 사람이 믿음을 가진 사람이다. 그저 막연히 믿는다는 것은 믿음이 아니다. 운에 기대고 요행수를 바라는 것을 믿음이라고 하지 않는다. 내가 풀 수 없는 문제를 해결할 수 있는 대상을 향한 전적인 신뢰가 바로 믿음이다.

백부장이 바로 그렇게 들어서 예수님의 능력을 신뢰하는 믿음을 보여준다. 백부장은 자기의 사랑하는 종을 고쳐주기 위해 백방으로 노력했을 것이다. 그런데 고칠 수 있는 방법이 없었다. 그 와중에 들려오던 소문이 기억났다. 병자들을 고쳐주신다는 예수님의 능력이 자신에게도 적용될 수 있을 것이라고 생각했다. 그래서 사람들에게 부탁해 예수님을 모셔오려고 했던 것이다.

예수님은 사람의 생명도 주관하는 분이시다. 누가복음이 기록하는 백부장 이야기의 바로 뒤에 등장하는 이야기에서도 생명의 주관자이신 예수님을 보여준다. 예수님이 나인이라는 동네로 가시다가 성문에서 나오는 상여를 만났다. 한 과부의 젊은 아들이 죽어서 장례를 하고 있었던 것이다. 예수님이 우는 과부를 보고 불쌍히 여기시고 과부에게 다가가 "울지 말라"고 하셨다. 그리고 관에 손을 대고 이렇게 말씀하셨다. "청년아 내가 네게 말하노니 일어나라." 그러자 죽었던 청년이 살아났다(눅 7:11-17). 예수님은 이렇게 사람을 사랑하는 분이시다. 예수님이 사람을 불쌍히 여기시니 죽었던 사람도 살아났다.

우리 예수님이 이런 분이시다. 백부장이 바로 그 사실을 알고 있었다는 점이 놀랍다. 백부장은 죽어가는 자기의 종을 구원해 주실 것으로 믿고 예수님을 향한 믿음을 보여주고 있다. 우리도 우리 인생에서 겪는 부족과 결핍, 인생의 장벽과 괴로움이 있다. 누구에게도 말하지 못할 개인적인 어려움, 가족의 문제, 우리 일터의 문제, 동료와 겪는 갈등, 실적과 수주의 어려움, 앞날에 대한 막연함과 두려움, 앞이 캄캄하고 사방이 막혀 있는 어려움 등이 있다. 그때 백부장처럼 예수님의 능력을 신뢰할 수 있다. 우리는 백부장이 들었던 소문보다 좀 더 자세히 들어서 알고 있지 않은가? 우리의 환경과 조건이 백부장보다는 조금 더 낫다. 우리는 유대인 장로들을 섭외해서 부탁하지 않아도 된다. 바로 주님에게 우리의 문제를 아뢸 수 있다. 예수님이 어떤 분이신가 알고 그렇게 한다면 그것이 바로 믿음이다. 우리는 백부장에게 예수님의 능력을 신뢰하는 믿음을 배울 수 있다.

우리 앞에 있는 문제가 크다. 감당하기 힘들다. 그런데 우리 예수님은 우리가 가진 문제들보다 훨씬 더 크신 분이시다. 우리가 가진 모든 문제를 다 해결할 능력을 가진 분이시다. 이 사실을 믿고 기도하는 것이 바로 믿음이다.

행함으로
입증하는 믿음

두 번째로 백부장이 가졌던 믿음은 행함으로 입증하는 믿음이었다. 구체적인 삶으로 드러나는 믿음이었다. 이런 믿음이 수준 있는 믿음이다. 예수님의 칭찬을 받을 만한 믿음이다. 전에 프로야구의 국민타자로 불리던 이승엽 선수가 은퇴를 할 때 야구계에서 국민감독이라고 불리는 김경문 감독이 했던 말을 기사에서 보고 기억하고 있다. 당시 마흔 두 살에, 2할 8푼 가까운 타율로 홈런을 22개, 타점을 80개나 올리고 있었는데 은퇴를 공언하고 은퇴투어를 하던 이승엽 선수에 대해 김경문 감독이 이렇게 말했다. "좋은 말은 책을 보고도 할 수 있는데 이승엽 선수가 좋은 행동을 보여주는 것은 정말 대단하다." 실력만

이 아니라 인성과 태도에서도 멋진 직업인의 모습을 보여주던 이승엽 선수를 이렇게 칭찬했다.

우리의 삶도, 신앙도 행함으로 믿음을 온전하게 해야 한다. 과거 중세교회의 온갖 적폐와 맞섰던 종교개혁자들도 믿음으로 구원을 얻는 중요한 구원의 핵심사항을 말했으면서도 행함이라고 하는 구원의 당연한 결과에 대해 제대로 강조하지 못했다. 목숨을 걸고 개혁이라는 명분으로 싸워야 하는 현실 때문에 그랬을 것이다. 그래서 오늘의 종교개혁은 삶의 회복이 되어야 한다. 기독교 교리에 대해 따지거나 논쟁하기보다 이미 분명한 말씀을 행함으로써 입증하는 믿음이 개혁의 화두가 되어야 한다.

누가복음은 백부장이 어떻게 행함으로 드러나는 믿음을 가졌는지 구체적으로 보여준다. 유대인 장로들이 예수님에게 가서 간절한 태도로 이렇게 말했다. "이 일을 하시는 것이 이 사람에게는 합당하니이다. 그가 우리 민족을 사랑하고 또한 우리를 위하여 회당을 지었나이다"(눅 7:4-5). 유대인 장로들의 관점으로 볼 때 백부장의 호의 가득한 행적이 인상적이었다. 정말 고마웠기에 예수님에게 마음에서 우러나오는 칭찬을 하고 있다. 여기서 유대인 장로들이 바람직한 행동으로 믿음을 보여주는 백부장의 종을 고쳐주시는 것이 합당하다고 평가하는 말은 가치 있는 일이라는 뜻이다. 그에게 합당하다는 영어성경의 표현은 "He was worthy"(KJV)이다. 유대인 장로들은 당시

로마군 백부장들에게서는 보기 힘든 무언가 다른 가치 있는 행동을 백부장이 했다며 칭찬하고 있다. 이렇게 유대인 장로들은 백부장이 평소에 행동하는 것으로 볼 때 이 사람의 종을 고쳐주는 일은 유대인으로 예수님이 당연히 해주셔야 한다는 듯이 말하고 있다.

여기서 우리가 한 번 생각해봐야 한다. 백부장이 이런 행동을 한 이유는 무엇이었을까? 로마의 주둔군 장교가 식민 지배를 받는 사람들을 사랑했다고 한다. 그리 자주 들어볼 수 있는 상황이 아니다. 또한 식민지 사람들의 종교생활을 위해 회당을 지어주었다고 한다. 함께 유대 땅으로 파견 나온 동료 백부장들이 비웃지 않았을까? 80km 정도 떨어진 가이사랴에 있던 직속상관인 천부장 호민관(護民官), 그는 왜 이 사람이 그런 행동을 하나 의심하지 않았을까? 백부장은 그런 상황을 다 알고 있으면서도 이런 행동을 했을 것이다.

백부장의 이런 행동은 남다른 성품이나 인격 때문만은 아니었다. 유대인들이 믿는 여호와라는 신에 대한 신앙적인 호의를 느꼈기 때문이 아니겠는가? 로마의 주둔군 장교로서 백부장은 만신전의 여러 신을 믿는 로마인들의 전통을 따르고, 군인으로서 군신(軍神)인 마르스(Mars)를 섬기는 일이 당연했을 것이다. 그런데 어떤 계기로 인해 유일신 하나님을 믿는 유대인들의 종교에 호감을 가졌을 것이다. 그러니 이렇게 과잉이 분명한 행동을 하는 것이다. 적어도 유대인들의 신앙에 대한 호기심을 넘어서는 호의가 백부장에게 있었기에 일련의 행동을 하지 않았을까 생각해본다. 사람은 자신의 믿음을 행동으로 드러내는 경우가 많다.

그런 예를 성경에서 또다시 찾아볼 수 있다. 사실 신약성경은 로마군 백부장들에 대해서 상당히 호의적이다. 누가복음을 기록한 누가가 쓴 사도행전 10장에 가이사랴에 주둔하던 백부장 고넬료라는 사람이 나온다. 이 사람에 대해서 이렇게 기록한다. "그가 경건하여 온 집안과 더불어 하나님을 경외하며 백성을 많이 구제하고 하나님께 항상 기도하더니"(행 10:2). 천사가 나타나서 "네 기도와 구제가 하나님 앞에 상달되어 기억하신 바가 되었다"고 칭찬한다(행 10:4). 이 사람이 성령의 인도하심으로 베드로를 청해서 가족, 친지, 지인들을 초대한 후 '부흥회'를 열었다. 그래서 큰 구원의 역사가 일어나고, 성령이 말씀을 듣던 사람들에게 내려오셨다. 이방인을 대상으로 하는 첫 번째 오순절 성령강림의 역사가 바로 이 고넬료 백부장의 집에서 있었다(행 10:44-48).

가버나움의 백부장에게도 가이사랴의 백부장 고넬료와 비슷한 점을 발견할 수 있다. 고넬료가 하나님을 경외하고 백성을 많이 구제했던 것처럼 백부장은 유대 민족을 사랑하고 유대교의 집회장소인 회당을 지어주었다. 유대인들이 믿는 신 하나님에 대한 경외심이 있었기 때문일 것이다. 그런 진심은 하나도 없이 그저 정치적인 입지를 위해서나 또 다른 목적으로 그렇게 했다면 이 사람의 인품으로 볼 때 설명이 잘 되지 않는다. 백부장은 한 종을 사랑했다. 로마 군인들인 100명의 부하들 중 한 사람도 아니고 빚 때문에 종이 되었거나 부모가 종이었을 유대인 종을 이렇게 사랑했던 것을 생각해보면 백부장이 유대인들을 사랑하고 회당을 지어주는 일은 그의 진심이었을 것이다. 이것이 행함으로 입증한 백부장의 믿음이었다. 이제 백부장과 예수님이 나누는 대화 속에서 백부장이 가졌던 믿음의 본질을 확인할 수 있다.

예수님의 말씀을
신뢰하는 믿음

세 번째로 백부장이 보여주는 믿음은 말씀을 신뢰하는 믿음이다. 백부장은 유대인 장로들을 보낸 후 예수님이 자기 집에 도착하지 않자, 다시 사람들을 보내서 예수님에게 말씀을 전하고 있다. 이런 내용이었다. "주여 수고하시지 마옵소서. 내 집에 들어오심을 나는 감당하지 못하겠나이다. 그러므로 내가 주께 나아가기도 감당하지 못할 줄을 알았나이다. 말씀만 하사 내 하인을 낫게 하소서. 나도 남의 수하에 든 사람이요 내 아래에도 병사가 있으니 이더러 가라 하면 가고 저더러 오라 하면 오고 내 종더러 이것을 하라 하면 하나이다"(눅 7:6-8).

백부장이 예수님에게 전한 말의 핵심을 나에게 요약해보라고 하면 그가 했던 이 말로 하겠다. "나는 감당하지 못하겠나이다." 영어성경은 이렇게 표현한다. "I am not worthy"(KJV). 예수님이 자신의 집에 들어오시는 것은 당연하지 않다는 뜻이다. 세상에서는 그렇게 하고, 상명하복 시스템 안에 있는 자신에게도 익숙한 것이기는 하지만 그렇게 할 수 없다는 것이다. 백부장이 깨달은 가치를 발견할 수 있다. 주님 앞에서 자신이 어떤 존재인지 확인한 것이다. 또한 그가 다음에 하는 말 속에서 그가 칭찬받은 믿음을 분명하게 확인할 수 있다. "말씀만 하사(but say in a word, KJV) 내 하인을 낫게 하소서"(눅 7:7). 백부장은 예수님이 한마디 말씀으로도 충분히 자신의 하인을 낫게 하실 줄 믿고 있었다.

백부장은 예수님을 하나님으로 보는 믿음을 가지고 있었다. 예수님의 말씀이 하나님의 말씀이라고 확신했다. 이른바 명의(名醫)도 환자의 상태를 보고 진단해야 치료할 수 있다. 그런데 백부장은 예수님이 환자를 보지 않고도 말씀으로 고칠 수 있다고 확신했다. 백부장은 예수님이 사람이 아니라 하나님이라고 믿은 것이다. 그러니 말씀으로 죽어가는 자신의 종을 고쳐주실 줄 확신했다.

이런 백부장의 믿음을 예수님이 칭찬하실 만했다. 말씀만으로도 하나님이 자기 종의 중병을 고쳐주실 줄 알고 있었던 믿음이야말로 예수님을 하나님으로 아는 믿음이다. 예수님이 이스라엘 백성들에게서 찾고 싶었던 믿음이었다. 기독교 복음의 핵심을 백부장은 알고 있었다. 지금까지 수많은 사람들을 고치고 살리신 예수님의 그 말씀 앞에 자신은 너무나 연약하고 부족한 존재임을 깨달은 것이다. 백부장은 소문으로 들었을 것이다. 의사가 아닌 예수님이 귀신 들린 자들에게서 귀신을 쫓아내어 온전하게 고치신다는 소문 말이다. 수많은 병자들을 말씀으로 치유하여 회복시키신다는 소문을 여러 차례 들었다. 그 놀라운 말씀의 실존 앞에 백부장은 몸 둘 바를 몰랐다. 그러니 내 집에 오심도, 주님을 만남도 감당하지 못하겠다고 반복해서 고백하는 것이다.

가톨릭교회의 미사 때 신앙고백을 하며 반복하는 기도가 있다고 한다. "주여, 내 안에 주를 모시기에 당치 못하오나 한 말씀만 하소서. 내 영혼이 곧 나으리이다." 바로 이 백부장의 겸손하며 예수님을 하나님으로 믿은 기도를 내용으로 하고 있다. 우리도 이렇게 기도할 수 있다. "주여, 저는 주님을 모실 만한 가치가 없지만 한 말씀만 해주소서. 내 영혼이 곧 나을 것입니다."

이렇게 백부장이 말씀 앞에서 겸손한 믿음을 보이는 모습을 보면서 한 사람이 떠오르지 않는가? 밤새 그물을 던졌지만 고기를 한 마리도 못 잡았던 사람이다. 예수님이 바닷가로 와서 말씀을 전하실 때 자신의 배에 올라 말씀을 전하시는 바람에 붙들려서 집에 돌아가 잠도 자지 못했다. 그는 배가 흔들리지 않도록 붙잡고 있으면서 꼼짝없이 예수님의 말씀을 들었다. 그리고 깊은 데로 가서 그물을 내리라는 예수님의 말씀에 의지해 그물을 내렸다. 배가 잠기도록 많은 물고기를 잡은 후에 말씀이신 하나님, 예수 그리스도의 무릎 앞에 엎드렸다. 그 사람 베드로가 고백한다. "주여 나를 떠나소서. 나는 죄인이로소이다"(눅 5:8).

어떤 선행을 통해서도 구원을 받을 수 없다. 유대인들을 사랑하고 회당을 지어주는 일로 백부장이 구원받은 것이 아니다. 바로 진리이신 예수님을 만나는 것이 구원의 비결이다. 말씀이 육신이 되어 오신 예수 그리스도, 바로 그분의 말씀을 듣고 영접하면 구원받는다. 그분이 나를 위해 죽임당하시고 나를 구원해주신 분이라고 믿으면 구원을 받는다(요 1:12,14). 백부장은 예수님이 말씀으로도 능히 중병에 걸린 종을 고치신다는 믿음을 가지고 있었다. 그래서 겸손히 주님 앞에 엎드리는 자세를 보여주었다. 예수님은 이런 믿음을 가진 백부장을 칭찬하셨다. 사람들이 집으로 돌아가 보니 그 종이 이미 나아 있었다(눅 7:10). 하나님 말씀의 능력이 백부장의 집에, 병들어 죽게 되었던 그 종에게 임했다.

예수님이 이스라엘 중에서도 이만한 믿음은 만나보지 못했다고 칭찬하신 백부장은 예수님의 치유능력을 신뢰하는 믿음을 가지고 있었다. 또한 삶으로 나타내는 멋진 믿음을 보여주었다. 하나님의 말씀을 신뢰하는 믿음을 가지고 있었다. 이 사람의 이야기를 보며 구약성경에서 백부장과 비슷하게 이방인이면서 하나님의 놀라운 이적을 체험한 한 사람이 떠오르지 않는가? 바로 나아만이다. 아람의 군대 장관이었던 나아만에 대해 예수님은 이미 나사렛 회당에서 언급하셨다. "또 선지자 엘리사 때에 이스라엘에 많은 나병환자가 있었으되 그중의 한 사람도 깨끗함을 얻지 못하고 오직 수리아 사람 나아만뿐이었느니라"(눅 4:27).

백부장과 나아만 장군은 어떤 연관성이 있을까? 백부장이나 나아만 장군은 동일하게 이방인으로 유력하고 칭찬을 듣는 사람들이었다(눅 7:4-5, 왕하 5:1). 두 사람은 다 유대인 장로들이나 유대인으로 포로로 잡혀온 소녀의 중재로 질병을 치유받는 이적을 체험했다. 그리고 멀리서 원격 이적치료를 받은 점도 비슷하다. 나아만 장군도 결국 엘리사를 통해 전달된 하나님의 말씀을 신뢰하는 믿음으로 구원을 받았다는 가장 큰 공통점이 중요하다.

중요한 점 한 가지가 '이만한 믿음'의 결론이 될 수 있겠다. 누가복음을 받아보는 청중은 이방인들이었는데, 그들은 사람들을 통해 예수님을 접근하게 되었다는 백부장의 이야기를 보고 어떤 느낌을 받았을까? 백부장은 예수님을 직접 만나지 않고 간접적으로 만났지만 말씀에 대한 확신으로 병 고침을 받았다. 이것이 예수님의 큰 칭찬을 유발했다면 이방인 교인들이 이 복음서를 접하면서 얼마나 격려를 받고 힘을 얻었겠는가? 오늘 우리 역시 유대인이 아닌 이방인이다. 또한 예수님을 직접 만나보지 못한 사람들이다. 나아만 장군이 간접적인 접촉으로 고침을 받았고, 백부장이 사람들을 통해 예수님의 능력을 받았다면 우리도 이만한 믿음을 가질 수 있지 않은가? 내가 가진 모든 문제보다 훨씬 크신 예수님을 믿고 삶의 행동으로 드러나는 믿음과 말씀을 신뢰하는 믿음을 가지면 우리도 예수님에게 큰 칭찬을 받을 수 있다. 이렇게 예수님이 직접 말씀하신 '이만한 믿음'에 대해 누가복음을 통해 살펴보자.

그들에게 꼭 필요한,
죄 사함 받는 믿음

기독교 신앙에 있어서 믿음은 중요하다. 믿음으로 구원받는 것이 복음의 핵심이다. 믿음에는 대상이 있어야 하는데, 바로 예수님을 믿는 것이다. 예수님을 구원주로 믿고, 그분이 하신 일을 믿어야 한다. 인류와 나의 죗값을 치르기 위해 하나님의 아들 예수님이 죽었다가 부활하신 십자가 사건을 믿는 사람들에게 구원을 주신다. 이런 믿음을 예수님이 한 사건을 통해 가르쳐주셨다. 예수님이 한 젊은 중풍병자를 고쳐주시는 과정에서 유대교 사람들과 논쟁까지 하게 된 사건이었다(눅 5:17-26).

예수님이 이 땅에서 지내시는 동안 사람들을 살리고 치유하신 이적들은 다 그 뜻과 목적이 있었다. 물론 1차적으로 그 사람의 회복과 구원을 위한 것이었다. 예수님이 3년간 제자들과 함께하고 무리와 함께하면서 치유의 이적을 베풀어주신 것이 누가복음에 열일곱 번 정도 나온다. 기록된 열일곱 번은 그야말로 대표적인 경우이고, 그 외에도 실제로는 무수히 많은 치유의 이적들이 있었을 것이다. 많은 치유의 이적 가운데 누가복음에 기록이 된 이적이라면 특별한 의미가 있기 때문일 것이다. 예수님이 중풍병자를 고쳐주신 이적에 담긴 특별한 의미를 추적하면서 우리는 예수님이 오늘 우리에게도 알려주려고 하시는 믿음의 속성에 대해 배울 수 있다.

그들의 믿음
: 질병을 고침받으려는 믿음

이 사건의 핵심은 병자들을 고치는 예수님의 능력을 통해(눅 5:17) 사람들이 하나님에게 영광을 돌리는 놀라운 일(눅 5:25-26)이라고 정리할 수 있다. 한 젊은이가 중풍병에 걸린 안타까운 상황에서 문제가 시작되었다. 젊은이는 질병이라는 인생의 장벽에 부딪혔다. 예수님은 인간사에 만연한 질병의 장벽을 넘으셔야 했다. 더구나 예수님에 대한 소문이 나고 사람들이 몰리니까 유대교 당국자들이 민감해졌다. 그래서 갈릴리 지방의 바리새인과 율법교사들, 팔레스타인의 중앙인 유대와 예루살렘에서 파송한 유대교 당국자들이 청중들 가운데 있었다. 뭔가 꼬투리를 잡아서 예수님의 인기몰이를 막아보려는 노력이었을 것이다. 예수님은 이런 신학적이고 교리적인 장벽도 넘어서야 했다.

이런 상황 속에서 우리는 한 중풍병자를 예수님에게 데리고 온 사람들을 주목하게 된다. 믿음은 과연 어떤 것인가? 믿음은 보이는 것인가? "예수께서 그들의 믿음을 보셨다"고 기록한다(눅 5:20). 예수님이 보신 그들의 믿음은 어떤 것이었을까? 그들이 어떤 행동을 했는지 성경은 상세하게 알려준다. 사람들이 한 중풍병자를 침상에 메고 와서 예수님 앞에 들여놓으려고 했는데, 그곳에 모인 사람들이 너무 많아서 들어갈 수가 없었다. 그래서 중풍병자를 데려온 사람들은 지붕에 올라가 지붕 재료들을 걷어내고 병자를 침상 채 예수님 앞에 달아 내렸다(눅 5:18-19). 성경은 그런 모습을 보신 예수님이 그들의 '믿음'을 보셨다고 기록한다(눅 5:20).

그러면 과연 누구의 믿음인가? 중풍병자만의 믿음이 아니다. 오히려 중풍병자를 데려온 사람들의 믿음이다. 불쌍한 이웃사람을 예수님이 계신 곳에 데려가기를 바라고 도움을 주었던 동네 사람들의 믿음이기도 하다. 침상을 함께 메고 온 네 사람 혹은 그 몇 사람들만이 아니라 이 일을 추진하고 도움을 준 모든 동네 사람이 여기에 해당될 것이다. 생각하기에 따라 많은 사람들의 믿음이다.

그 사람들에게는 사랑하는 마음이 있었다. 젊은 나이에 안타까운 질병에 걸려서 인생의 자유를 누리며 살 수 없는 한 사람을 불쌍히 여기는 마음이었다. 그래서 그들은 그 중풍병자를 메고 예수님이 계신 곳으로 가는 수고를 감당했다. 또한 그들은 이 중풍병자를 예수님에게 데려가면 고침받을 수 있다는 믿음을 가지고 있었다. 예수님의 능력을 신뢰하는 믿음이었다. 이런 믿음이 없었으면 그런 힘든 일을 할 수 없었을 것이다. 그들에게 이렇게 예수님을 의지하는 믿음이 있었다는 점은 중요하다.

또한 이 사람들은 힘을 합해서 일을 감당하는 팀워크가 있었다. 혼자서 한 것이 아니다. 혼자 했다면 제대로 하지 못했을 것이다. 여러 사람이 뜻을 합해 힘든 일을 해내었다. 또한 이 사람들은 예수님이 계신 곳으로 중풍병자를 데려왔지만 사람들이 많아서 도저히 예수님이 계신 집 안으로 들어갈 수 없었다. 그러자 지붕으로 올라가 문제를 풀어내는 창의력을 가지고 있었다. 멋진 아이디어였다. 도대체 지붕을 뜯어서 침상을 예수님이 계신 곳에 내린다는 생각을 어떻게 할 수 있었을까? 그런 행동은 재물 손괴에 해당하는 일이었다. 남의 집 지붕을 뜯어내고 흙먼지를 아래에 있는 사람들에게 뒤집어씌우는 무례를 저지르는 것이었다. 그런 부작용이 생기는 문제들을 다 감수하고 책임을 지는 용기가 이들에게 있었다. 이런 멋진 미덕들을 이 사람들이 가지고 있었다.

사람들의 그런 미덕이 바로 예수님에게 칭찬받은 부분이다. 그들은 질병의 장벽과 사람들의 장벽을 뚫고 예수님에게 나아갔다. 그랬더니 그곳에 문제의 해결이 있다. 예수님이 계신 곳으로 가면 문제가 해결되는 바로 이 중요한 원리를 이 사람들이 알고 있었다. 이것이 믿음이다. 예수님이 보신 '그들의 믿음'이다. 이들은 중풍병자의 병을 낫게 하려는 간절한 소원이 있었다. 그 일을 위해 그렇게 매진한 것이었다.

사실 이 상황은 우리의 인생 그 자체, 간절한 바람을 가지고 있는 우리의 실존을 잘 보여준다. 이 중풍병자는 반 평짜리 침상 위에서 천정만을 바라보며 하루를 보낼 수밖에 없는 딱한 인생이었다. 혼자서 할 수 있는 일이 거의 없었다. 가족과 사람들에게 의존해야만 무엇을 할 수 있었다. 고통스럽고 권태로운 삶이 계속되었다. 수치와 좌절, 희망 없음이 그의 인생을 설명해주는 표현들이었다. 그런데 그 삶의 부정적 묘사에 긍정적인 의미를 부여하는 존재가 있었다. 바로 이웃들이다. 그를 예수님에게 데려가려는 열정을 가진 친구들이었다. 예수님은 중풍병자를 사랑하는 사람들을 보셨다. 땀으로 범벅된 그들의 얼굴을 보셨다. 지붕을 뜯어내며 이곳저곳 긁혀 상처 입은 그들의 손을 놓치지 않고 보셨을 것이다. 그리고 치유의 이적을 갈망하는 그들의 눈빛도 보셨다. 믿음을 가졌으니 그들이 그렇게 행동한다는 것을 예수님은 아셨다.

이 사람들의 믿음을 예수님은 귀하게 보았고 반응하셨다. 중풍병자를 고쳐주기 위해 말씀하신다. 그런데 그 말씀이 좀 의외였다. 뜻밖의 말씀이 아닌가! "이 사람아 네 죄 사함을 받았느니라"(눅 5:20).

그들에게 필요한 믿음
: 죄 사함 받는 믿음

이 말씀을 들은 중풍병자는 어떤 반응을 보였을까? 아마도 좀 당황했을 것 같다. 자기의 심각한 질병인 중풍을 고치기 위해 천신만고 끝에 예수님에게 왔는데 '죄 사함'에 대해서 말씀하시니 난감했을 것이다. 중풍병자나 그 친구들이 이때 어떻게 반응을 해야 좋을지 생각하느라 잠시 시간이 흘렀을 것이다. 그런데 다른 사람들에게 먼저 반응이 왔다. 자리 잡고 앉아 예수님을 감시하던 서기관과 바리새인들이었다. 그들이 신성모독을 들먹이면서 하나님 외에 어떤 사람이 죄를 사할 수 있느냐고 생각했다(눅 5:21). 상황이 좀 꼬인 것이다. 중풍병자를 데려온 사람들이 생각하는 방향이 아닌 이상한 방향으로 흘러가려는 것 같았다.

여기서 우리는 예수님의 의도를 어렴풋이 알 수 있다. 예수님은 중풍병자들을 예수님 앞에 데려온 사람들의 믿음을 분명히 인정하셨다. 그들의 믿음을 귀하게 보셨다. 그런데 그들의 믿음을 보시고, 그들에게 믿음에 대해 더 가르쳐주시려고 했다. 그들에게 꼭 필요한 믿음을 알려주고 싶으셨던 것이다. 이것이 인생의 문제해결 방법이다. 인생에서 겪는 숱한 장벽들을 넘어 예수님이 계신 곳으로 가면 문제가 해결된다. 예수님이 필요한 믿음을 주시기 때문에 문제를 해결할 수 있는 것이다.

아마도 예수님이 죄 사함을 언급하시는 걸 보면 이 사람들에게 죄책감이 있었던 것 같다. 누구에게 죄책감이 있었을까? 중풍병자를 데려온 사람들의 죄책감은 남의 집 지붕을 뜯은 무례함이었을 것이다. 기물 파손에 해당되었으니 집주인에게 미안했다. 예수님을 만나기 위해 모인 수많은 사람들을 무시하고 일종의 새치기를 했으니 모인 사람들 모두에게 미안했을 것이다. 예수님에게도 당연히 죄송하여 몸 둘 바를 몰랐을 것이다.

그런데 예수님은 지금 그들의 죄책감을 말씀하시는 것 같지는 않다. 바로 중풍병자가 가진 죄책감을 예수님이 간파하신 것이다. 중풍병자도 물론 남의 집 지붕을 뚫고 예수님 앞에 침상이 내려진 사실에 대해서 미안하고 죄스러운 마음을 느꼈을 것이다. 마태복음에서는 예수님이 이렇게 말씀하셨다고 기록한다. "작은 자야 안심하라. 네 죄 사함을 받았느니라"(마 9:2).

"안심하라"는 예수님의 말씀을 고려하면 중풍병자에게도 마음속 깊은 갈등이 있었다고 볼 수 있다. 바로 죄책감이다. 어떤 죄책감인가? 질병의 근원은 죄라는 인식 말이다. 이것은 비단 유대인들만의 생각은 아니다. 오늘날에도 대부분의 사람들에게는 이런 죄책감이 있다. 아담과 하와의 원죄 때문이기도 하다. 질병은 몸의 질서가 어그러진 것이고 고통과 장애가 생긴 것인데, 그것이 바로 죄와 닮았다. 죄도 하나님과의 관계가 어그러진 것이고 마음의 고통과 육신의 장애가 복합적으로 발생한다. 모든 질병이 다 죄로 인한 것은 아닐지라도 신학적인 면에서나 실제적인 면에서 둘은 깊은 관계가 있다. 그러니 우리도 인생을 살다가 질병이 찾아오거나 연약함이 있다고 하면 일단 회개하며 자신을 돌아볼 수 있어야 한다. 예수님을 믿는 믿음을 가진 사람이라면 당연히 그렇게 하게 되어 있다.

이 중풍병자는 젊은 날부터 방탕한 삶을 살아서 중풍에 걸린 것일 수도 있었다. 다른 두 복음서에서 예수님이 이 사람을 "작은 자야"라고 부르신 것을 보면 나이가 많지 않은 사람이었을 것이다. 그런 죄책감이 마음속에 있었을 것이다. 예수님은 이런 상황을 놓치지 않고 특별히 이 상황에서 그들에게 필요한 믿음을 가르쳐주려고 의도하셨다. 중풍병자나 그들을 예수님에게 데려온 친구들, 그들 모두에게 필요한 믿음이었다. 바로 죄를 사함받는 믿음이었다.

우리도 우리가 지은 죄에 대한 죄책감, 실수하고 잘못해서 저지른 모든 죄, 본래 악한 존재라는 원죄의식과 같은 모든 악과 죄를 용서해주시는 예수님에게 나아가야 한다. 예수님이 나의 모든 죄 문제를 해결할 유일한 분이라는 사실을 믿고 나아가면 우리도 용서받을 수 있다. 죄 사함을 받게 된다. 중풍병자와 그 친구들을 통해 우리가 이런 귀한 믿음을 발견할 수 있다.

그런데 그곳에는 예수님을 신학적으로 꼬투리 잡으려고 눈에 불을 켜고 있는 사람들이 많았다. 이제 그들과의 대화를 통해 예수님이 죄 사함 받는 믿음에 대해 분명하게 알려주셨다.

먼저 서기관이나 바리새인들이 볼 때 예수님이 이 중풍병자에게 그저 인사말을 건네듯이 "이 사람아 네 죄 사함을 받았느니라"고 말씀하신 것은 그들에게 전혀 이해되지 않았다. 왜 그랬을까? 당시에는 성전이 예루살렘에 건재했다. 당시는 구약성경만 가지고 있던 시대였다. 쉽게 말해 '구약시대'였다. 예수님이 오심으로 이미 신약시대가 시작되었지만 사람들은 그렇게 인식하고 있었다. 죄 사함을 받게 하는 율법 규정에 따른 속죄 시스템이 건재하고 있었다. 속죄의 제사(祭祀) 제도이다. 죄를 지었으면 제물을 가져다가 속죄제를 드리면서 사죄함을 받아야 했다. 그런데 예수님이 그저 말로 죄 사함을 받았다고 선언하면 되는 일처럼 말씀하는 점을 사람들은 이해할 수 없었던 것이다.

이렇게 당시에는 당연하다고 할 수 있는 생각을 하면서 서기관과 바리새인들은 '삐딱선'을 타고 있었다. 그런 생각을 아시고 예수님이 하신 질문에 우리도 답을 해보면서 예수님의 의도를 배울 수 있다. "네 죄 사함을 받았느니라 하는 말과 일어나 걸어가라 하는 말이 어느 것이 쉽겠느냐"(눅 5:23).

당신은 어떻게 생각하는가? 어떤 것이 더 쉬운가? 죄 사함의 선언과 중풍병을 고침받았다는 선언 중에서 어떤 것이 더 쉬울까? 구분을 해서 생각해보자. 먼저 인간적인 시각으로 보면 어떤 것이 더 쉬운가?

중풍병자의 병이 낫는 것은 분명하게 이적이 나타나서 눈에 보여야 가능하다. 하지만 죄 사함은 마음의 변화이기 때문에 겉으로 표가 잘 나지 않을 가능성이 많지 않은가? 그러면 어떤 것이 더 쉬운가? 죄 사함을 받았다고 선언하는 것이 더 쉬워 보인다. 인간적인 시각으로 보면 당연히 이렇게 판단할 수 있다. 그래서 서기관과 바리새인들은 예수님이 중풍병자에게 죄 사함을 언급하신 것이 아마도 중풍병을 고칠 능력이 없으니 엉뚱한 죄 사함의 선언을 하면서 시선을 딴 곳으로 유도한다고 판단한 것이다. 일종의 충격요법이고, 풍선효과로 예수님이 곤경에서 벗어나려 하는 것이라고 판단했다.

한편 서기관과 바리새인들이 제기한 문제, 죄를 사할 수 있는 분은 하나님뿐이라는 시각에서 보면 어떤 것이 더 쉬운가? 그들은 생각했다. "이 신성 모독 하는 자가 누구냐? 오직 하나님 외에 누가 능히 죄를 사하겠느냐?"(눅 5:21). 바리새인들의 시각으로 죄 사함이라는 것은 본질적으로 하나님의 소관이니, 그들이 하나님의 아들이라는 것을 믿지 않는 예수님에게는 병을 고치는 일보다 더 어렵다는 것이다. 이러한 서기관과 바리새인들의 시각을 반영해서 예수님이 이렇게 말씀하셨다. "그러나 인자가 땅에서 죄를 사하는 권세가 있는 줄을 너희로 알게 하리라"(눅 5:24).

그리고 예수님은 중풍병자에게 이렇게 말씀하셨다. "내가 네게 이르노니 일어나 네 침상을 가지고 집으로 가라"(눅 5:24). 이 말씀이 무슨 뜻인가? 죄를 사하는 권세가 있는 것을 알게 하겠다고 하면서 예수님은 중풍병자를 고치는 이적을 베푸셨다. 좀 엉뚱해보인다. 그런데 이것은 이런 뜻이다. 예수님은 하나님의 아들로서 본래 죄를 사하는 권세를 가지고 계신데, 지금 당장 그것만 선언하면 사람들이 눈에 보이지 않는 죄 사함만 선언하여 위기를 모면하려 한다고 생각할 것이다. 그러니 눈앞에서 확인할 수 있도록 중풍병자를 고치는 이적도 직접 베푸신다는 뜻이다. 중풍병자를 고치는 이적을 베푸시는 것을 보고 예수님에게 죄 사하는 권세가 있는 것을 깨달으라는 말씀인 것이다.

바리새인들이나 서기관들이 예수님의 이 모습을 보면서 깨달아야 했다. 그들이 생각할 때 예수님이 말씀만으로 이 중풍병자를 고치시는 것을 보고도 멘붕 상태에 빠졌다. 안수를 한다던가 물리치료사처럼 환부를 만져주는 그런 조치를 전혀 하지 않고 말씀만으로 그 중증환자를 낫게 하신 것에 대해 그들은 놀랄 만했다. 그들은 이런 일을 전에는 결코 본 적이 없었다.

하나님의 아들 됨을
입증하신 예수님

결국 중풍병자를 예수님이 고쳐 건강하게 만들어 주신 일은 죄 사함의 능력이 예수님에게 있다는 사실을 입증하신 것이었다. 이 치유의 이적은 결국 시위였고 인증이었다. 예수님이 하나님이라고 시위하신 것이다. 예수님이 하나님이라는 인증샷을 확실하게 날리신 것이다. "인자가 땅에서 죄를 사하는 권세가 있는 줄을 너희로 알게 하리라"(눅 5:24).

이 말씀에서 '인자'(人子)는 '사람의 아들'이라는 뜻인데, 예수님이 자신을 가리켜 말씀하신 자칭(自稱) 칭호이다. 오히려 이런 말씀을 하실 때는 '하나님의 아들'이라고 해야 신적인 권위가 더 부여되는 것이 아니었을까? 그런데 우리는 이 중요한 호칭의 신학적인 의미를 좀 살펴야 한다. 예수님은 구약성경 다니엘서에서 말한 "인자 같은 이"를 말씀하시는 것이다. 다니엘이 어떤 예언을 하고 있는지 살펴보자. "내가 또 밤 환상 중에 보니 인자 같은 이가 하늘 구름을 타고 와서 옛적부터 항상 계신 이에게 나아가 그 앞으로 인도되매 그에게 권세와 영광과 나라를 주고 모든 백성과 나라들과 다른 언어를 말하는 모든 자들이 그를 섬기게 하였으니 그의 권세는 소멸되지 아니하는 영원한 권세요 그의 나라는 멸망하지 아니할 것이니라"(단 7:13-14). 이 환상 속에서 하나님의 나라를 임하게 하는 그리스도를 "인자 같은 이"라고 표현했다. 다니엘이 예언한 "인자 같은 이", 즉 그 "사람의 아들"이 바로 자신이라고 예수님이 스스로 인증하고 계신다.

결국 예수님은 이 치유 이적을 통해서 죄 사함 받는 믿음에 대해 알려주신다. 예수님 앞에 나오면 죄 사함의 은혜와 병 고침의 은혜가 임한다. 이 둘이 다 중요하다. 그런데 이 둘 중에 혹시 하나만 선택하라면 당신은 어떤 것을 선택하겠는가? 우리에게 두 가지가 다 필요하기 때문에 실제적이기보다는 논리적인 우선순위를 따질 수 있다. 어떤 것을 선택하는가? 이 중풍병자에게 만일 예수님이 둘 중에 하나를 택하라고 하셨다면 어떤 것을 택하는 게 더 좋은 것이었을까?

논리적인 우선순위를 따질 때 더 좋고, 더 급하며, 더 필요한 것은 바로 죄 사함을 받는 일이다. 그런데 아니라고 말할 수 있다. 당장 필요한 일이 병 고침받는 것이어서 여러 어려움을 극복하고 예수님에게 나아오지 않았나? 그러니 병 고침받는 일이 더욱 급하고 중요하다고 강변할 수도 있다. 그러나 생각해보라. 둘 중에 하나를 택한다고 할 때 죄 사함을 선택하면 질병은 계속 되더라도 죽어 천국에서 영생을 누릴 수 있지 않는가? 그런데 만약 질병은 나았는데 믿음으로 얻는 구원을 받지 못한다면 어떻겠는가? 그것이 더 불행한 일이다. 비록 몸이 고통스럽더라도 영혼의 구원을 얻는다면 그것이 더욱 복될 것이다. 여기서 우리가 볼 수 있는 그들의 (병을 고침 받으려는) 믿음보다 그들에게 필요한 (죄 사함을 받는) 믿음이 더 중요하다. 물론 오늘 성경 속의 중풍병자였던 사람은 죄 사함과 병의 치유라는 두 가지 은혜를 다 받았다.

많은 현대인들은 물질과 육체를 더 중요하게 여긴다. 건강하고 부유하기를 원한다. 영혼과 믿음과 내면의 가치에 대해서, 영원한 세계에 대해서는 큰 관심을 갖지 않는 사람들이 많다. 우리 그리스도인들은 이런 세상의 가치관에 부화뇌동하면 안 된다. 우리는 중풍병자의 영혼과 육신을 회복시키신 하나님의 새 창조 역사를 보면서 과연 세상에서 살아갈 때 무엇이 정말 중요한 것인지 잘 판단해야 한다.

당신은 죄 사함을 받았는가? 육신의 질병을 치유받았는가? 그러면 하나님의 영광을 드러내는 인생을 살 수 있다. 이 중풍병자가 치유받은 후 곧 일어나 누웠던 침상을 들고 자기 집으로 돌아갔다. 하나님께 영광을 돌리며 돌아갔다(눅 5:25). 이 사람은 죄 사함을 받았고 질병에서 고침받았다. 또한 오랫동안 걷지 못한 장애인은 고침을 받았더라도 곧바로 걷기가 힘든데 이 사람은 예수님이 말씀하시자 곧바로 일어나 자기가 누웠던 침상을 들고 걸어갔다. 그렇게 바로 걸을 수 있는 체력까지 얻었다. 이것이 예수님의 완벽한 이적이다. 왜 예수님이 중풍병자에게 침상을 들고 가라고 하셨는지 생각해보았는가? 중풍병자를 데려온 사람들이 중풍병자의 침상을 들고 가서 사후 서비스까지 잘해야 착한 일을 완결할 수 있지 않았겠는가? "일어나 네 침상을 가지고 집으로 가라"고 하신 예수님의 말씀은 중풍병에 걸렸던 사람이 완전히 치유되어 자기의 일을 스스로 할 수 있게 된 것을 보여주는 하나님의 완벽한 이적을 입증한다.

이런 모습을 보고 사람들이 하나님을 향해 영광을 돌리며 경외심에 사로잡혔다. 놀라운 일을 보았다고 고백했다(눅 5:26). 이런 큰 은혜가 임했다. 질병을 고침받는 일이 중요하지만 더 중요한 치유가 바로 영혼의 치유, 곧 죄 사함을 통해 얻는 구원의 은혜라는 점을 예수님이 분명하게 가르쳐주신다. 예수님은 바로 이런 목적을 가지고 세상에 오셨다. 중풍병자의 치유를 다룬 이 사건 직후에 누가는 레위라고 하는 세리가 예수님의 제자로 부름받는 장면을 기록하고 있다. 바로 마태복음을 쓴 제자인 마태인데, 이 사람이 예수님을 따르는 제자가 되기 전에 자기 동료들을 불러 마지막 파티를 열 때 그 자리에서 예수님이 의미 있는 말씀을 하셨다. "건강한 자에게는 의사가 쓸 데 없고 병든 자에게라야 쓸 데 있나니 내가 의인을 부르러 온 것이 아니요 죄인을 불러 회개시키러 왔노라"(눅 5:31-32).

예수님이 이 땅에 오신 목적이 바로 이것이다. 죄인들에게 필요한 믿음을 주기 위해 오신 것이다. 죄인들이 회개하여 주님의 품으로 돌아오는 그 일을 가장 기뻐하시는 예수님이 우리에게 가르치려고 하시는 믿음이 바로 이것이다. 이런 귀한 믿음을 통해 예수님이 주시는 귀한 은혜를 우리도 받아야 한다. 그래야 믿음으로 구원받아 예수님의 제자로 태어날 수 있다.

C·H·A·P·T·E·R·03

믿음으로 주님의 옷자락을
간절히 붙잡으라

20여 년 전 한 교회에서 고등부를 섬길 때 교사 중에 한 분이 하혈을 하여 병원에 입원했다. 종종 피를 심하게 쏟으면 병원에 입원했고, 수혈을 받곤 했다. 부장 장로님이 병문안을 가지 말라고 하여 가지도 못했으나 끝내 수술을 한 후에 장로님과 함께 병원으로 심방을 갔다. 그 선생님이 나에게 하던 말이 지금도 기억난다. "강도사님, 지금 제 몸 속에 있는 피는 제 피가 하나도 없을 거예요." 그 말 한마디로 여성으로 살아가며 겪는 어려움을 느낄 수 있었다.

성경에도 한 여인이 있었다. 절망스럽게 피를 쏟았다. 그래서 여인은 잃을 만한 것은 죄다 잃었다. 건강을 잃었다. 재산을 잃었다. '이번에는? 이번에는? 이번에는 고칠 수 있을까?'라고 기대했다가 실망하면서 12년을 그렇게 앓았다(눅 8:40-48). 또한 그가 속해 있어야 삶을 유지할 수 있는 종교공동체에서도 지위를 잃었다. 성전 예배나 종교집회에 참석하는 일에 제약을 받았다. 지역공동체인 회당의 출입도 금지되었다.

레위기 15장에 나오는 율법을 보면 이 여인은 부정한 상태였다. 보통 여인들은 한 달에 한 차례씩 부정한 시기를 겪지만 그 시기 외에도 유출이 있을 때는 그의 침상도, 앉은 자리도, 옷도 다 부정했다. 그 시대에는 그랬다. 다른 사람과 접촉하면 그 사람마저 부정해지는 '부정의 보균자'였다. 결혼했다면 대개 남편에게 이혼을 당했다. 여인은 12년 동안 혈루증을 앓으며 그런 과정을 다 겪었을 것이다. 이 여인을 통해 믿음의 한 모습을 발견할 수 있다. 이 모습은 이미지가 풍성한 한 장면이고 그림처럼 나타나는데 바로 터치(touch)하는 믿음이다.

절망의 늪에서 헤매던 여인, 예수님에게 다가가다

자그마치 12년 동안 하나님도 침묵하셨다. 여인

은 간절히 기도했을 것이다. 그러나 하나님으로부터 버림받았다. 그렇게 생각했을 것이다. 사람들도 수군거렸다. '저 여인은 왜 자궁에서 피를 흘릴까? 어떤 죄를 지었기 때문일까? 성적인 죄 때문이 아닐까?' 그래서 여인은 하나님이 대답해주시기를 간절히 원했을 것이다.

하나님은 의사를 통해서도 치료하시는 것이 당연하니 여인은 많은 의사들을 만나고 치료를 받으려고 했다. 그런데 소용없었다. 마가의 기록을 보면 "많은 의사에게 많은 괴로움을 받았고 가진 것도 다 허비하였으되 아무 효험이 없고 도리어 더 중하여졌다"고 한다(막 5:26). 수년 동안 계속 피를 흘렸기에 여인은 틀림없이 빈혈을 앓았을 것이다. 오후 서너 시만 되면 지쳐서 힘이 빠졌을 것이다.

그런데 몸의 고통은 견디지 않을 도리도 없고, 또한 시간이 지나 몸이 익숙해지면 견딜 만하기도 하다. 시간이 흐를수록 희망이 없어지는 것이 더욱 괴로운 문제였다. 이제 몸이 망가지면서 돈도 없고 가정의 행복도 더 이상 꿈꿀 수 없었다. 엄마들은 아이들을 목욕시키고 머리를 빗겨주며, 이 일 저 일에 힘들어도 아이들이 커가는 모습이 문득 생각나니 행복하다. 그래서 흐르는 세월도 수긍하며 감사함이 절로 나오는데, 여인은 그런 엄마의 가장 기본적인 정서도 꿈꿀 수 없었다. 자식보다 더욱 사랑하게 된다는 손주가 자기 무릎에서 뛰어논다거나 그 아이들이 자라서 할머니인 자신을 생각하고 존경해주는 기쁨도 상상할 수 없게 되었다. 그런 꿈들은 싹싹 쓸어 담아서 치워버려야 했다.

그런데 어느 날, 이 딱한 여인이 소문을 들었다. 귀신도 내쫓고 온갖 질병도 고치는 분, 예수 그리스도에 대해서 들었다. 강한 자, 건강한 자를 위해서 오신 것이 아니라 병든 자, 바로 자신 같은 연약한 사람들을 위해 왔다고 하는 예수에 대한 소문을 들었다(눅 5:31). 이방 땅에 가서도 자기보다 더한 고통을 겪는 사람, 귀신 들린 사람을 고쳐주셨다는 이야기도 들었다(눅 8:26-39). 한센병자는 랍비들도 피하고 가까이하지 않는데, 손을 내밀어 그에게 대시며 고쳐주셨다는 소문도 들었다(눅 5:12-13). 나인 성에서는 독자 아들이 죽어 장사 지내는 과부에게 아들을 살려 돌려주셨다는 소문도 들었다(눅 7:11-17). 여인은 생각했다. '그럼 나도 희망이 있는 것이 아닌가?'

그러나 그런 소문을 들은 사람이 이 여인 한 명이 아니었다. 무리가 밀려들었다(눅 8:42). 이미 예수님이 돌아오시는 것을 기대하고 무리가 환영하는데 다 기다렸다고 한다(눅 8:40). 그러니 평소보다 많은 사람들이 모였을 것이다. 그 무수한 사람들 틈에서 여인의 처신이 어땠을까 상상을 해보라. 처음부터 '내가 가서 예수라는 분의 옷가를 만져야겠다'고 여인이 결심을 하고 나선 것은 아니라고 생각된다. 소문을 듣고 간절한 소원을 가지고 길을 나서긴 했을 것이다. 여인의 처지는 다른 사람들과 함께 있다는 것도 두려운 일인데 어쩌면 수많은 사람들이 모인 인파가 오히려 그런 두려움을 없애주었는지도 모르겠다. 그런데 자기 모습만 숨기면 두렵지 않거나 문제가 해결되는 것은 아니었다.

여인은 무리 가운데 섞여서 예수님이 계신 곳을 향해 조금씩 앞으로 나아갔다. 사람들 틈을 비집고 나아갔다. 피를 쏟는 여인에게 무슨 힘이 있었겠는가? 어렵사리 그곳까지 가긴 갔다. 그런데 어쩔 줄을 몰랐다. 사람들이 너무 많았고, 몸이 너무 힘들기도 했다. 예수님이 계신 곳 가까이 가기는 했지만 어떻게 할 수는 없는 형편이었다.

더구나 지금 예수님은 죽게 된 어린아이를 고치러 '왕진 심방'을 가고 계셨으니 바삐 가시는 길이었다. 그러니 어떻게 해야 좋은가? 예수님을 불러 세울 방법도 없었다. 자기의 안타까운 상황을 전할 방법도 없었다. 더구나 그곳에는 수많은 남성들이 있었을 것이고, 자신은 아마도 훨씬 적은 수의 여성이며, 더구나 타인과 접촉이 금지된 부정한 병이 있었다. 어쩌면 좋은가?

그녀의 눈물 젖은 눈에 군중들의 모습이 흐릿하게 비쳤다. 사람들이 너무나 많았지만 딱한 자신을 배려해주는 사람은 아무도 없었다. 당신은 이런 인생의 진퇴양난에 빠졌을 때 어떻게 하는가? 뭔가 해결책을 찾았다고 생각했는데 그것이 나를 위한 것은 아니라고 느껴지는 안타까운 상황이다. 이 문제를 어떻게 풀어야 하는가? 이 불쌍한 여인에게 공감하는가?

여인의 유일한 접근법
: 터치 속에 믿음을 담다

　　그 여인이 사면초가에 빠지고 고민하다가 택한 방법은 바로 '터치'였다. 어떤 터치였을까 상상해보라. 태그매치를 하는 프로레슬링 선수들이 선수 교대를 할 때의 터치였을까? 사랑스러운 연인들이 감미로운 사랑을 나누며 잡는 부드러운 손의 터치였을까? 이 여인의 터치는 의미가 있었다. 여인은 예수님의 옷 가에 손을 대었다고 한다(눅 8:44). 유대인들의 겉옷은 펼치면 사각형이고, 가운데 부분에 머리가 들어가는 구멍만 뚫려 있었다. 구멍에 머리를 넣어 뒤집어쓰고 한쪽 끝을 어깨 위로 돌려서 등 뒤로 걸치는 것이다. 그리고 옷 끝에는 옷 술을 달았다. 겉옷 네 귀에다 술을 드리우고 푸른 색실로 장식을 했다. 옷 술은 율법을 기억하게 한다는 상징적인 의미를 담고 있다.

　'옷 가'는 바로 그 옷 술을 말한다. 여인이 그것을 잡았다. 겉옷에 추가로 붙은 부분이니 그다지 표시가 나지 않게 잡을 수 있었을 것이다. 이 느낌은 '소매치기'를 생각하면 비슷하게 맞아떨어질 듯하다. 소매치기는 이 부분을 잡지는 않겠지만 장식된 부분이니 몸에 느껴지는 촉감이 덜할 수 있다. 바로 그 부분을 여인은 터치했다. 그런데 여인의 이 터치에 그냥 넘어갈 수 없는 중요한 것이 있었다. 예수님이 나중에 누가 내 옷에 손을 대었느냐고 질문하셨을 때 '손을 댄다'는 단어는 '어떤 물체를 다른 물체에 비틀어 맨다'라는 뜻을 가지고 있다. 꽉 잡았다는 뜻이다. 손과 옷 술이 서로 달라붙을 정도로 꽉 잡은 것이다. 상상해보라. 옷을 입고 있는 사람이 잘 느끼지 못할 옷 술 부분을 택해서 그 옷 술에 마치 손가락이 달라붙을 정도로 꽉 잡았다는 말이다.

여기서 여인의 어떤 마음을 읽을 수 있는가? 이 여인의 마음을 분석해보았다. 첫째는 미안함이다. 율법의 정결법에 따르면 부정한 자신이 예수님을 만진다는 미안함이었다. 자기의 병을 말하기가 부끄러웠다. 사실 따지고 보면 부끄러운 병도 아니고, 예수님이 "네 믿음이 너를 구원하였다"라고 말씀하신 것을 보면 혈루증이 죄도 아닌데 여하튼 미안했다. 예수님조차도 그 사실을 알 필요가 없다고 생각했다. 하도 미안해서 예수님의 옷자락, 그것도 옷 가장자리 부분에 손을 대는 것으로 충분하다고 생각했다. 여인의 행동에는 이런 미안함이 담겨 있었다.

둘째는 안타까움이었다. 자기로서는 더 이상 어떤 다른 방법을 쓸 수 없는 상황에 대한 안타까움이었다. 예수님이 바쁘시다는 것을 여인도 알고 있었을 것이다. 이방인들이 사는 거라사인의 지방에 다녀오시고 나서 예수님을 찾는 군중들의 기대도 알고 있었다. 그리고 지금 회당장 야이로의 딸이 죽어가니 그곳으로 급히 가시는 것도 알았다. 열두 살 어린아이가 죽어가니 불쌍했다. 그런데 여인도 그 아이만큼 주님을 필요로 했다. 열두 살밖에 못 산 그 여자아이는 지금 아프지만 그래도 그동안 기쁨이나 즐거움도 느끼며 살았을 것이다. 그런데 여인은 지난 12년 동안 너무나 괴롭고 힘들었다. 이 고통을 더는 가지고 살고 싶지 않은 안타까움이 여인에게 있었다.

셋째는 애절함이었다. 여인은 당시 상황도 잘 알았고, 자신이 예수님을 만나서 고침받는 일이 쉽지 않다는 사실도 알았다. 하지만 정말 간절히 고침받고 싶은 애절한 마음을 어쩌겠는가? 이 애절함이 잘못인가? 사람이 되신 하나님은 이 여인의 애절함을 틀림없이 이해하신다. 히브리서 기자가 말한다. "우리에게 있는 대제사장은 우리의 연약함을 동정하지 못하실 이가 아니요 모든 일에 우리와 똑같이 시험을 받으신 이로되 죄는 없으시니라"(히 4:15). 우리의 연약함을 겪어보신 분이 예수님이시다. 그러나 사람이 되신 하나님이시기에 죄가 없으시다. 성육신하신 하나님이신, 바로 그 예수님에게 여인은 애절하게 부탁할 수 있었다.

넷째는 두려움이었다. 어떻게 될지 결과를 알 수 없는 두려움 말이다. 더구나 자기가 한 행동은 예수님에게 고침받은 사람들의 치유방법으로 들어본 적이 없었다. 백부장의 종이 멀리서도 말씀으로 고침받았다는 소문은 들어서 알고 있었다. 상여가 나가는데 그 관에 손을 대고 과부의 죽은 아들을 살리신 이야기도 들었다. 중풍병을 앓는 젊은이가 동료들의 도움으로 고침받았다는 소문도 들었다. 그런데 이 여인이 쓰는 방법은 처음 해보는 것이었다. '이렇게 해도 병이 나을 수 있을까?' 얼마나 가슴이 뛰었을까? '복잡한 설렘'이었다.

중요한 것은 이 여인의 터치 속에 믿음이 들어 있었다는 점이다. 병행구절인 마가복음 5장 28절을 보면 이렇게 기록되어 있다. "이는 내가 그의 옷에만 손을 대어도 구원을 받으리라 생각함일러라." 옷에만 손을 대어도 병이 나음을 얻을 것이라는 믿음이 이 여인에게 있었다. '터치 믿음'이라고 표현할 수 있을까? 여인의 터치에 믿음이 담겨 있었다. 예수님에게는 들키지 않게, 그러나 간절하게 가장자리 옷 술에 내 손가락을 붙여도 좋다는 심정으로 꽉 잡는 믿음이었다. 여인의 행동에 담긴 이 깊은 믿음을 좀 만져보라. '아, 내가 예수님을 만지면 나의 이 지독한 병도 나을 수 있다. 내 인생이 달라질 수 있다!' 이런 믿음이 이 여인에게 있었다.

예수님은 반드시 터치를 느끼신다
: 필링 믿음을 위하여

이 터치 믿음에 대한 예수님의 반응은 무엇이었는가? 바로 '필링'(feeling)이라는 단어로 설명할 수 있다. 예수님이 그 여인의 터치를 아신 '느낌'이다. 예수님은 당연히 알아채셨다. 그 터치로 표현된 믿음을 느끼셨다. 필링이 왔다! 그러나 다른 사람들은 아무도 느끼지 못했다. 예수님이 누가 자신을 만졌냐고 하시니 제자들은 손사래를 쳤다. 지금 사람들이 이렇게 콩나물시루같이 서서 미는데 무슨 말씀을 하시느냐며, 빨리 가자고 역정 내듯 타박했다. 그런데 예수님은 아셨다. 그리고 바쁜 발걸음이었지만 의도적으로 멈추셨다. 이것은 예수님이 여인의 터치를 느꼈다는 예민함을 자랑하기 위함이 아니었다. 또한 여기서 예수님은 자기를 부정하게 한 혈루증에 걸렸던 여인을 찾아서 "누구야? 당신 때문에 내가 부정해졌잖아!"라고 핀잔을 주려는 의도도 아니었다.

예수님이 바쁘게 가시는 길에서 이렇게 멈추어 시간을 보내신 이유가 있다. 회당장 야이로의 딸이 그만 죽어버렸지 않았는가? 만약 제때 예수님이 가셨으면 아이가 죽지 않았을 수도 있는 것 아니었을까? 그런 부담을 안고 예수님은 거기서 시간을 보내신 것이다. 멈추신 이유가 무엇인가? 여인의 믿음이 '터치 믿음'에서 '필링 믿음'으로 성숙하도록 하기 위해서였다. 여인은 아마도 예수님을 만지고는 곧 도망치듯 그곳을 빠져나가려고 했던 것 같다. 물론 그 와중에 자기 병이 나은 것을 몸으로 느꼈다. 그러니 그 짧은 순간이지만 더욱 정신없고 복잡한 생각들이 오고갔다. 그런데 예수님이 그 여인을 찾았고, 불러 세우셨다.

예수님이 여인을 찾고 말씀하신 이유가 무엇이겠나 생각해보라. 바쁜 길에 스스로 다가와서 터치한 후 알아서 병이 낫고, 그냥 조용히 돌아가려는 여인을 예수님이 굳이 붙잡으신 이유가 있었다. 예수님이 고치신 무명의 사람들이 어디 한두 명인가? 그냥 지나칠 수도 있었을 텐데 예수님은 그러지 않으셨다.

몇 가지 이유를 생각해볼 수 있다. 첫 번째는 하나님께 영광을 돌리는 일을 위해서였다. 하나님께 감사의 필링을 올려드려야 할 일이 남았다. "환난 날에 나를 부르라. 내가 너를 건지리니 네가 나를 영화롭게 하리로다"(시 50:15). 아직 이런 과정이 남았다. 여인의 간증을 통해 하나님의 영광을 드러내야 하는 일이 필요했다. 하나님을 향한 필링이 있어야 한다는 말이다.

두 번째는 그 여인의 정상적인 삶을 위해 꼭 필요한 것이 있었다. 그 여인이 이웃들과 함께 살아갈 때 꼭 필요한 일종의 '인증샷'이 있어야 했다. 그 여인을 아는 이웃들은 여인이 혈루증이 나았는데도 아직 여전히 부정한 줄 알고 꺼릴 것이 분명했다. 그래서 예수님은 그 여인의 완치를 선언하기 위해 사람들 앞에서 공개하셨다. 그의 이웃들에게 필링이 전해지게 하기 위해서였다.

세 번째는 그 여인 자신의 믿음을 위해서였다. 그냥 돌아간 여인이 사람들에게 자기의 병이 나은 간증을 했을 것이다. 그런데 사람들이 이런 생각을 하지 않았을까? '이 여인은 옷 가를 만지기만 해도 병이 나을 것이라고 생각한 것처럼 나도 예수님의 옷 비슷한 것을 가지고도 병을 고치고 구원받을 수 있지 않을까?' 그래서 중세 유럽에는 예수님의 옷, 십자가에 박힌 못, 탄생하신 구유 등 온갖 가짜 유물들이 수도 없이 많았던 것이 아닐까?

이런 미신이 만연하게 될 것을 차단하려고 예수님이 돌아가려는 여인을 세워두고 의도적으로 특별 세미나를 하신 것이라는 생각이 든다. 이것은 사실 '터치 믿음'의 딜레마이기도 하다. 정성을 들여 간절함을 가지고 만지면서 자기 뜻을 표현하기만 하면 되는가? 치성(致誠)을 정성 다해 드리면 결국 응답되는가? 지성이면 감천인가? 그렇지 않다. 그것이야말로 미신이다.

우리는 여인의 터치 믿음이 미신이 아닌 이유를 확인할 수 있다. 성경이 말해준다. 누가복음 8장 44절에는 "그의 옷 가", 마가복음 5장 27~28절에는 "그의 옷", 마태복음 9장 20~21절에는 "그 겉옷 (가)"라고 기록되어 있다. 터치 믿음이 미신이 아닌 증거를 공관복음 각 기록의 공통점을 통해 찾을 수 있다. 여인이 터치한 옷은 다른 옷이 아니었다. 바로 '예수 그리스도'의 옷, 곧 '그 겉옷' '그의 옷 가' '그의 옷'을 터치했다. 예수님의 옷을 터치해야만 올바른 믿음이라는 뜻이다. 예수 그리스도가 아닌 다른 어떤 존재의 옷을 터치한다면 그것은 미신이다. 그러나 예수님에게만 집중하고 터치하는 것은 미신이 아닌 건전한 믿음이다. 예수님이 그것을 확인하셨다. "내게 손을 댄 자가 누구냐?"(눅 8:45-46)라고 하셨다. 예수님의 옷에 손을 대는 것이 중요하다. 마가복음 5장 30절에도 "누가 내 옷에 손을 대었느냐?"라고 물으신다. '내 옷'이라고 강조하셨다. 이것은 "누구야, 내 옷 만진 게?"라는 뜻이 아니다. 바로 예수님을 향한 믿음만이 이적을 가능하게 한다는 점을 확인해주신 것이다.

여인의 터치 믿음을 바로 세워서 그의 내면에 필링 믿음으로 성숙하게 하기 위해 예수님이 이렇게 의도적인 학습을 하셨다. 예수님의 옷 가에만 손을 대어야, 예수님을 향한 인격적인 믿음으로 하는 행동이어야만 진정한 터치 믿음이라는 것이다.

뒷날 베드로와 바울이 그림자와 손수건, 그리고 앞치마를 통해 병자들을 고치는 것도(행 5:15, 19:12) 주술이 담긴 도구를 사용하는 마술적인 치료가 아니었다. 예수 그리스도만이 병자를 치유하실 능력을 가진 분이라고 믿는 믿음으로만 그런 치유 이적이 가능했다. 이런 특이한 이적들은 병을 치료하는 시스템

으로 이후까지 지속되거나 계속 활용된 것이 아니었다. 예수님
께서 이 땅에 내려오셨고, 그 영향 아래 있던 사람들에게나 가
능했던 것이다. 예수님은 이 중요한 교훈을 가르쳐주려고 여인
을 불러 세우신 것이다. 만약 예수님이 그냥 여인을 보내셨으면
치유에 관한 오해가 많았을 것이다. 그랬다면 미신 종교의 위험
에 더욱 쉽게 노출되었을 수도 있다.

마지막 이유가 있다. 예수님이 왜 여인을 세우셨는가? 여인의
필링 믿음은 다른 사람들에게도 도움을 줄 수 있는 것이었다. 여
인은 12년간 혈루증을 앓았고, 지금 예수님이 심방가시는 야이
로의 딸은 12년을 살았다. 그 아이가 병들었고, 곧 죽을 것이었
다. 예수님이 여인에게 평안히 가라는 마지막 말씀을 마치기 전
에 아이가 죽었다는 소식이 들려왔다. 12라는 동일한 수에 담긴
희망과 절망이 이렇게 교차하는가? 도망가던 이 여인을 붙잡아
서 이렇게 나았다고 고백하게 하는 예수님의 의도는 무엇인가?
바로 이 여인의 회복 이야기가 야이로의 가정에 희망을 줄 수 있
다는 의도였다. 예수님도 말씀하셨다. 아이가 죽었으니 선생님
을 모시는 것을 포기하라고 할 때 "두려워하지 말고 믿기만 하
라. 그리하면 딸이 구원을 얻으리라"(눅 8:50). 이렇게 여인의
고백이 어려움을 겪는 사람들에게 구원의 확신을 주었다.

믿음은 자기감정만이 아니다. 내가 만족하면 끝나는 것이 아
니라 다른 사람에게 자신의 믿음을 전할 수 있어야 진정한 믿음

이다. 이 여인의 치유 이적은 야이로의 죽은 딸이 살아나는 큰 이적의 애피타이저이다. 내 인생 최대의 사건이 다른 큰 하나님의 역사를 상징하고 미리 보여주는 전주곡일 수도 있다. 나는 메인 연주곡을 연주하고 싶은데 서주에나 등장하는 것이다. 그런데 그렇게라도 엉겁결에 치유받으면 어떤가? 감사한 일이다! 큰 기적 속의 작은 기적이어도 좋다. 나의 기적이 묻혀도 좋은 것이다. 폼이 안 나도 괜찮다. 사람들은 나이가 들수록 폼을 중요하게 여긴다. 체면, 명예, 모두 따지고 보면 자존심에 불과한데 알량한 그것 때문에 우리는 얼마나 많은 문제를 일으키는가? '폼생폼사'를 모토로 살아가는 인생은 문제가 많다. 폼 재지 말고 감사하며 겸손하게 살아야 한다. 겸손히 하나님만 바라는 인생에게 복이 있다. "나의 영혼아 잠잠히 하나님만 바라라. 무릇 나의 소망이 그로부터 나오는도다"(시 62:5).

이런 몇 가지 이유로 예수님은 여인을 불러 세우셨다. 그리고 그 절망스럽고 불행했던 여인의 터치 믿음을 세워주셨다. 고통이 있는가? 당연이 있을 것이다. 좌절하는가? 그럴 때도 있다. 그런데 괜찮다. 우리의 삶이 대부분 그렇다. 그렇다면 터치하면 된다. 예수 그리스도라는 분명한 목표점을 터치하라. 내 인생의 모든 안타까움과 간절한 믿음을 담아서 터치하라. 예수 그리스도 그분에게 필링이 갈 것이다. 그 필링이 우리에게 필링으로 다가올 것이다. 그 필링이 하나님을 영화롭게 하며, 자신을 세우고 이웃을 세워줄 것이다. 우리의 삶에는 언제나 출혈이 있다. 손가락을 베여야만 피가 나는 것이 아니다. 아픔과 좌절과 고통의 출혈이 우리의 인생에 존재한다. 불안으로 피 흘린다. 두려움으로 빈혈을 겪는다. "주님이여, 자비를 베푸소서! 제 출혈을 주님이 느껴주소서. 제 가련한 터치를 예쁘게 봐주소서!" 우리는 이렇게 간절히 기도해야 한다.

이 터치 필링 믿음 이적에서 우리가 놓치지 말아야 할 것이 있다. "딸아 네 믿음이 너를 구원하였으니 평안히 가라"(눅 8:48). 여인의 믿음이 여인을 구원했다는 이 말씀은 예수님에게 향유를 부은 여인에게 하셨던 말씀과 같이(눅 7:50) 구원에 관한 핵심적인 선언이다. 여인의 향유나 눈물, 머리카락 때문이 아니라 믿음 때문에 구원받은 것이었다. 혈루증을 고침받은 여인도 그렇다. 터치하는 그 행동 때문에, 그 주술적인 요소 때문에 구원받은 것이 아니었다. 예수님을 믿는 믿음으로 인해 구원받은 것이었다.

그런데 예수님이 여인을 뭐라고 부르시는가? "딸아!" 이렇게 불림받은 여인은 복음서에 더 이상 없다. 이 여인이 유일하다. 당시 예수님은 삼십대 초반이었는데, 여인은 예수님보다 나이가 적었을까? 그럴 수도 있었겠지만 12년 동안 부인병인 혈루증을 앓았던 여인인데 아마도 예수님보다 나이가 많았을 것 같다. 설령 예수님보다 여인의 나이가 적었더라도 예수님이 "딸아!"라고 부를 정도로 나이 차이가 많지는 않았을 것이다. 이 부분을 묵상하다 보니 예수님의 어머니와 동생들이 예수님을 찾아왔을 때 예수님이 하셨던 말씀이 연상된다. "내 어머니와 내 동생들은 곧 하나님의 말씀을 듣고 행하는 이 사람들이라"(눅 8:21). 하나님 나라의 가족은 바로 하나님의 말씀을 듣고 행하는 사람이다. 하나님의 능력을 믿고 간절한 소원을 가졌던 여인이 바로 하나님의 가족임을 예수님은 선언해주셨다.

오늘 우리도 예수님의 행적이 담긴 이 말씀을 듣고 믿음을 가지고 행동하면 구원받을 수 있다. 예수님의 가족이 될 수 있다. 예수님의 딸이 되고 아들이 될 수 있다. 우리는 혈루증을 앓았던 여인에게서 간절히 터치하는 믿음을 보았다. 그 터치는 필링 믿음이 되어 돌아왔다. 이 터치 필링 믿음이 예수 그리스도로 인한 구원의 복음이다. 이런 귀한 믿음으로 구원의 은혜를 누리는 사람들이 복되다. 그들은 주님을 따르는 제자들이다.

크게 죄 사함 받고
크게 사랑하는 믿음

인생을 살면서 우리는 당황스러운 상황을 종종 겪는다. 예수님
도 그런 일을 종종 겪으셨다. 초대받아 간 집의 식사자리에 나
타난 한 여인이 향유를 예수님의 발에 붓고 눈물로 발을 씻으며
머리카락으로 닦았다(눅 7:36-50). 이런 일은 쉽게 상상하기
힘든 일이었다. 그런데 그것이 끝이 아니었다. 예수님이 말씀하
시는 것을 가만히 들어보니 예수님을 초대한 집 주인이 예수님
에게 했던 행동도 꽤 황당한 무례였다. 당시의 풍습대로라면 초
대한 손님에게 주인이 입 맞추고 손님의 발을 씻도록 해주며,
존경과 사랑의 표현으로 향유 한두 방울을 머리에 바르는 행동

을 하게 되어 있었다. 그런데 그걸 하나도 하지 않는 무례를 저질렀다.

또한 이런 황당한 일들을 대하는 예수님의 말씀 또한 당황스러웠다. "네 죄 사함을 받았느니라"고 하시며 여인의 죄를 사해 주셨고, 또한 "네 믿음이 너를 구원하였으니 평안히 가라"고 구원을 선언하셨다. 그 식사자리에서 눈에 불을 켜고 앉아 있던 사람들을 당황하게 하는 파격적인 결론을 예수님이 내리셨다. 웬만해서는 보기 힘든 황당한 일이 세 번이나 겹쳐 일어난 사건 속의 한 여인을 만나, 예수님이 그 여인에게서 보신 믿음을 확인해보자.

죄와 상처투성이의 여인, 예수님에게 큰 사랑을 표현하다

영광이 찬란하지만은 않다면서 '상처뿐인 영광'이란 말도 한다. 그러나 우리는 세상을 살아가면서 참으로 많은 상처를 싸안고 살아간다. 인생을 살기가 팍팍하고 그리 수월하지 않다. 무엇을 얻고 목표를 이루어도 상처뿐인 영광인 경우가 많지 않은가? 또 직장에서 일을 할 때만 상처받는 것이 아니라 가족들과도 상처를 주고받고, 친한 친구들에게도 상처를 받는다.

바리새인 시몬의 집에서 예수님이 식사하실 때 등장하는 한 여인이 바로 그런 인생의 상처가 깊고 아픔이 큰 여인이었다. 그 여인은 아예 '죄인'이라고 불렸다. "죄를 지은 한 여자"(눅 7:37)라는 표현은 예수님 당시 몸을 파는 거리의 여인을 지칭했다. 어떤 이유였는지는 알 수 없으나 이 여인은 죄의 길에 빠지게 되었고, 인생의 아픔과 상처에서 헤어 나오지 못했다.

어느 날, 이 여인의 삶이 변화를 맞았다. 예수님을 만나게 되었기 때문이다. 한 바리새인의 집에서 예수님이 식사를 하신다는 소식을 들었다. 당시에는 마당에 상을 펼치고 손님들을 맞아 식사를 할 때 계층을 불문하고 이웃이나 동네 사람들이 그곳에 들어올 수 있었다고 한다. 손님들의 대화를 듣고 특별한 눈요깃거리가 있으면 보기도 하고, 또 호의를 얻어 음식을 얻어먹기도 했다는 것이다. 외부사람이 식사자리에 들어오는 것이 불가능한 일은 아니었다. 그렇다 해도 이 여인까지 들어오도록 허용하는 분위기는 아니었을 것이다. 사람들이 껄끄럽게 생각하는 것은 당연했다.

여인은 예수님의 앞쪽으로 오지 못하고 예수님의 뒤쪽에 서서 몸을 굽혔는데 흐르는 눈물을 예수님의 발에 떨어뜨렸다. 그리고 자기 머리카락으로 예수님의 발을 깨끗하게 씻으면서 먼지가 많이 묻었을 예수님의 발을 닦았다. 예수님의 발에 입을 맞추기도 했다. 그리고 발 위에 귀한 향유를 부었다. 예수님의 발이라고 깨끗했겠는가? 여인에게 만약 남편이 있었다면 남편에게도 그렇게 할 수 없었을 것이다. 여인의 행동은 파격적이었고, 그래서 사람들이 의아해하며 이런저런 생각을 많이 했을 것이다. 이 행동이 어떤 의미가 있는지는 나중에 자세히 살필 수 있지만 이런 파격적인 행동을 할 수 있다는 게 이 여인이 겪어왔던 죄와 상처의 큰 고통을 말해준다고 생각할 수 있다.

여인의 이런 극단적인 행동을 다른 사람들은 이해할 수 없었다. 특히 예수님을 초대했던 바리새인 시몬은 더욱 이해하기 힘들었다. 그 여인이 손님들을 모신 자기 집에 와서 마치 행패를 부리는 사람처럼 생각했다. 주인으로서 매우 불쾌했을 것이다. 그러나 예수님은 아니었다. 예수님은 그 여인이 행동하는 대로 내버려두셨다. 예수님이 그 여인에게 아무런 제지도 하지 않으신 것은 사실이다. 그러나 꾸중을 하신 것도 아니었다. 그 여인이 하는 대로 내버려두셨고, 나중에 보면 그 행동을 기쁘게 받으셨다.

여인에 대한 예수님과 바리새인 시몬의 생각은 이렇게 달랐다. 이 차이는 무엇을 말해주는가? 바리새인 시몬은 '이 죄인에게서 나오는 행동이 죄악된 것밖에 더 있겠나?'라고 생각한 것이다. 그런데 예수님은 어떻게 보신 것인가? 이 여인의 행동에는 이유가 있다고 보신 것이다. 이 여인이 비록 죄인이고 상처입은 영혼일지라도 이런 행동을 하는 것은 감사하고 사랑하기 때문이라고 보셨다.

한 번 생각해보라. 이 여인은 시몬의 집에서 식사하시는 예수님을 이곳에서 처음 만났던 것일까, 아니면 예수님과 구면이었을까? 나중에 예수님이 여인더러 "네 믿음이 너를 구원하였으니 평안히 가라"(눅 7:50)고 말씀하셨다. "네 믿음이 너를 구원하였다"는 선언은 이날의 구원을 말하는 것일까, 아니면 전에 구원받았음을 말하는 것일까?

아마도 여인은 전에 예수님을 만난 적이 있고, 예수님을 구세주로 믿는 믿음을 그때 가졌던 것으로 보인다. 여인은 자기가 받은 감격적인 구원에 감사하기 위해 시몬의 집에서 파격적인 일을 계획한 것으로 보는 게 자연스럽다. 그래서 향유를 담은 옥합도 준비했을 것이다. 죄인인 자신을 구원해주신 예수님의 은혜에 감사해서 표현하는 사랑이 바로 여인이 준비한 이날의 특별이벤트라고 볼 수 있다.

죄책감 없는 시몬, 예수님에게
아예 사랑 표현을 하지 않다

반면 바리새인 시몬은 전혀 달랐다. 예수님을 청한 집주인 시몬의 마음속 생각을 예수님은 아셨다. "이 사람이 만일 선지자라면 자기를 만지는 이 여자가 누구며 어떠한 자 곧 죄인인 줄을 알았으리라"(눅 7:39). 예수님은 한 이야기를 통해 이런 시몬을 지적하셨다. 짧은 비유 말씀을 하셨는데 현대적으로 각색해서 생각해볼 수 있다.

한 사람은 두 달 치 월급을 빚졌고, 또 한 사람은 2년 치 월급을 빚졌다. 둘 다 대출회사에서 대출을 받았는데 갚을 돈이 없는 상황이었다. 그런데 대출회사에서 창사 기념행사로 빚을 지고 있는 두 사람의 빚을 다 탕감해주었다(있을 수 없는 상황이고 영 어색하지만 예수님의 비유 말씀에도 이런 파격이 담겨 있다). 둘 중 누가 그 대출회사에 대해 더 고마움을 느끼겠는가? 예수님의 이 질문에 바리새인 시몬이 대답은 제대로 했다. 많은 빚을 탕감받은 채무자가 더 고마워할 것이라는 대답이었다.

여기서 예수님의 질문이 '사랑'을 직접 언급하면서 핵심을 찌르고 있다. "둘 중에 누가 그를 더 사랑하겠느냐?"(눅 7:42). 어떤 의도인가? 온 동네 사람들이 놀랄 만큼 파격적이고 황당한 행동을 한 여인, 죄 지은 여인이라고 손가락질 당하는 그 여인이 한 행동은 바로 사랑 때문이라는 것이 예수님의 해석이었다. 500데나리온, 당시에 노동자가 2년 가까이 일해야 벌 수 있는 큰돈을 갚지 않아도 된다고 탕감해준 채권자가 있다면 탕감받은 사람은 그를 사랑하지 않겠느냐는 것이다.

그러나 바리새인 시몬은 자기가 예수님의 비유 속에 등장하는 두 빚진 자들 중에 하나라는 사실은 몰랐다. 이것이 문제였다. 500데나리온 빚진 자가 바로 그 죄인이었던 여인에 해당한다는 것을 시몬은 감각적으로 당연하게 알았다. 그러나 여인이 그런 이해되지 않는 행동을 한 원인이 무엇인지 깨닫지는 못했다. 왜 그런가 하면 예수님의 비유 속에서 50데나리온 빚졌던 사람은 바로 시몬을 가리키는 게 분명한데도 시몬은 그걸 인정하고 싶지 않았기 때문이다.

여인이 죄인인 건 틀림없었다. 그러나 시몬은 자신이 죄인이 아니라고 생각한 것이 문제였다. 시몬은 과연 죄인이 아니었는가? 50데나리온 빚진 자는 그 빚에 대한 책임이 없는가? 여기서 50데나리온보다 500데나리온은 열 배이긴 하지만 빚을 졌다는 면에서는 큰 차이가 없는 것이다. 이것은 인간이 모두 죄인이라는 점을 시사한다. 조금 나아 보이는 사람도 죄인이고, 많은 죄를 지은 것처럼 보이는 사람도 모두 죄인의 범주 안에 든다.

마태복음에는 예수님의 비유 중에 만 달란트 빚을 탕감받고는 자기에게 백 데나리온 빚진 사람을 용서하지 못하는 종의 이야기가 나온다(마 18:21-35). 그 비유 속에 두 사람이 진 빚은 엄청나게 큰 차이를 보여준다. 만 명의 노동자가 평생 모은 돈이 만 달란트이고, 백 데나리온은 한 명의 노동자가 4개월 간 일한 품삯이다. 비유 속의 만 달란트는 나를 죽을 수밖에 없는 죄에서 건져주신 하나님의 크나큰 은혜와 사랑, 그 놀라움과 깊이를 표현하는 것이다.

그런데 오늘 시몬의 집에서 예수님이 말씀하신 비유 속에는 차이가 터무니없지는 않게 빚진 사람들을 둘 다 탕감해주신 이야기이다. 그러니 빚의 액수는 그리 중요하지 않다. 단지 그렇게 빚이 있다는 사실만 중요한 것이다. 여기서 우리가 인간이 짓는 죄의 속성에 대해서 생각해봐야 한다. 죄의 영향이나 결과를 놓고 본다면 큰 죄와 작은 죄로 구분할 수 있다. 쉽게 비교해 볼 수 있다. 사람이 미워서 찔러 죽인 죄와 미워서 화를 내고 욕한 죄는 차이가 없는가? 찔러 죽인 죄는 살인죄이고 미워한 죄는 모욕죄나 명예훼손죄 정도가 될 것이다. 죄의 무겁고 가벼움의 차이가 분명히 있다는 말이다. 그러니 우리는 죄를 짓더라도 심한 죄를 짓지 않기 위해 노력해야 한다.

물론 예수님은 형제에게 화내고 욕하면 살인해서 심판받는 죄와 같이 지옥 불에 들어가게 된다고 말씀하셨다(마 5:21-22). 예수님의 말씀은 죄의 결과나 영향력의 측면에서 이해해야 할 것이다. 우리가 그런 각오로 살아야 한다. 예수님의 이 말씀은 죄의 근본적인 속성에 관한 지적이다. 죄는 어떤 죄나 다 죄라는 말이다.

죄의 속성에 대한 이해는 이런 비유로 생각해볼 수 있다. 산을 깎아서 호수를 메우는 공사를 하면서 1톤도 더 나가는 무게의 돌을 굴삭기로 들어 호수에 밀어넣었다고 생각해보자. 당연히 물에 가라앉을 것이다. 그런데 흙더미 사이에 있던 작은 돌이 호수에 들어간다면 어떻게 될까? 그 작은 돌은 물속에서 둥둥 뜨는 것이 아니다. 가라앉을 수밖에 없다. 이것이 죄의 속성이다. 죄는 큰 죄나 작은 죄가 있지만 어떤 죄든지 그것이 죄라면 인간을 구원받을 수 없게 한다. "모든 사람이 죄를 범하였으매 하나님의 영광에 이르지 못하더니"(롬 3:23). 이 말씀에 해당되지 않는 사람은 한 사람도 없다. 우리 모두는 죄인이다.

바리새인 시몬이 이 사실을 깨닫지 못했다. 죄책감을 느끼지 못했다는 것이다. 죄가 없어서 죄책감이 없는 것이야 당연한데, 죄 있는 사람이 죄책감을 못 느끼면 문제가 아닐 수 없다. 같은 바리새인 출신이었던 사도 바울은 말했다. "죄인 중에 내가 괴수(魁首)니라"(딤전 1:15). 죄인들 중에 두목이라고 고백했다. 성 프란체스코가 이런 말을 했다. "나보다 더 가련하고 비참한 죄인은 없다." 바울이나 프란체스코 같은 사람들은 진리를 찾기 위해 꽤 노력을 많이 하면서 인생을 산 사람들이었다. 그런데도 그들은 자신의 죄를 깨달았는데, 바리새인 시몬은 죄책감이 없었다.

시몬이 만약 자기가 50데나리온 탕감받은 사람이라고 생각했으면 그만큼은 해야겠다고 생각해야 할 텐데 그러지도 않았다. 예수님을 초대한 일이 바로 그만큼 한 것이라고 합리화했을지 모르겠다. 자기가 예수님을 그저 형식적으로 초대해서 푸대접을 한 일 말고는 어떤 사랑도 더 표현할 필요가 없다고 생각한 것이다.

그러나 시몬이 잘못 생각한 것이다. 시몬은 여인과 같은 죄는 짓지 않았을지 몰라도 그에게도 지은 죄가 있었다. 겉모습으로 사람을 판단하는 죄도 있고, 무례하고 외식에 빠진 죄도 있었다. 살아가면서 왜 죄를 짓지 않았겠는가? 자신의 그 죄도 스스로 해결할 수 없다는 점에서 여인과 다르지 않았다. 그도 역시 예수님의 용서하심에 의해서만 속죄받을 수 있었다. 그 사실을 시몬은 깨달아야만 했다.

그런데 시몬은 그러지 않았다. 시몬은 예수님을 초대해놓고는 예수님을 그저 대충 대접했다. 예수님을 대접하지 않은 것은 아니었다. 그러나 정성껏 대접한 것도 아니었다. 발 씻을 물도 주지 않았다. 종을 시켜서 하면 되는 그 기본적인 접대를 하지 않았다. 손님에게 입 맞추지도 않았다. 머리에 향유는 고사하고 그 흔한 올리브유 한 방울도 떨어뜨리지 않았다. 아마도 바리새인 시몬의 자만심이 허락하지 않았기 때문이었을 것이다.

"네 믿음이 너를 구원하였으니 평안히 가라."

여인과 비교할 때 시몬의 이렇게도 다른 모습은

어디에서 생겨난 것인가? 바리새인 시몬은 죄를 지은 기억이 없었기 때문이다. 아니, 죄를 지은 기억을 안 하는 것이다. 중요한 점은 기억이 없다고 죄를 안 지은 것이 아니라는 사실이다. 왜 죄를 짓지 않았겠는가? 바리새인들이 예수님에게 그렇게도 신랄하게 야단맞던 오만과 교만이 얼마나 큰 죄인가? 소경이 소경을 인도하듯 사람들을 잘못 인도하던 죄는 얼마나 심각한가? 회칠한 무덤과도 같은 위선의 모습은 큰 죄이다. 물론 그들은 젊을 때부터 하나님의 말씀에 주목하며 살아왔다. 그 때문에 죄 지은 게 적어 보였다. 그러나 그렇다고 해서 죄를 짓지 않은 것은 아니란 말이다.

오늘 우리도 비슷하게 생각할 수 있다. '나는 그리 나쁜 짓을 하지 않았다. 내가 법을 어겼냐? 남들 하는 정도만 했지, 튀는 일을 하지도 않았다! 갑질하고 죄 지어도 돈이 많으니 구속도 안 되는 부잣집 자식들도 많더라!' 그러나 그렇게 생각하는 것은 자신의 죄를 기억하지 못하기 때문이다. 이 시몬은 죄를 지은 기억이 없었다. 상처를 받은 기억도 없고 상처를 준 기억도 없었다. 바리새인들의 대표적인 모습이다. '나는 상처가 뭔지도 모르겠어. 상처가 뭐야? 상처를 왜 받아?' 이렇게 생각하는 사람이 다른 사람들에게 상처를 주면서도 상처를 준 줄 모른다. 상처를 별로 받지 않아도 자기가 상처를 주는지 어떤지는 알아야 할 텐데 시몬은 그것을 거부했다. 그러니 그에게는 예수님에게 표현할 만한 사랑이 더 이상 없었다.

바리새인 시몬은 자칭 의인이요, 여인은 죄인이었다. 그 식사 자리에 앉아 있는 모든 사람이 누구 하나 예외 없이 다 그렇게 보았을 것이다. 예수님도 인정하셨다. 그러나 시몬이 자기 죄에서 사함받아야 할 당위성은 그렇게 하찮은 사랑 표현만으로 충분할 만큼 사소한 것이었던가? 시몬의 죄도 예수님을 십자가로 내몰아 죽이기에 충분한 것이었다.

나의 죄가 작아도, 이 세상을 부끄럽지 않고 떳떳하게 살아왔어도 그 죄를 해결하기 위해 어떤 일이 있어야 했는가? 하나님이신 예수님이 이 땅에 내려오셔서 그 참혹한 십자가에 달려 죽으셔야 했다는 말이다. 그러니 내 죄가 어찌 작은가? 어찌 사소하다고 할 수 있는가? 어떻게 그냥 넘어갈 수 있는가? 결국 죄가 없는 것이 아니다. 바로 죄책감이 없는 것이다. 자기의 그 심각한 죄들을 제대로 들여다볼 양심의 눈이 없는 것이다. 자기 죄를 깨닫지 못하는 사람들은 예수님이 시몬에게 하신 말씀을 들어야 한다. "이러므로 내가 네게 말하노니 그의 많은 죄가 사하여졌도다. 이는 그의 사랑함이 많음이라. 사함을 받은 일이 적은 자는 적게 사랑하느니라"(눅 7:47).

많은 죄를 사함받은 여인이 많은 사랑으로 감사한다는 것이다. 예수님은 시몬에게 사랑이 없다고 하지 않으셨다. 그는 죄 사함을 적게 받았으니 적게 사랑한다는 것이다. 결국 이것은 자기 죄에 대한 '느낌'의 문제이다. 죄가 얼마나 많은가, 적은가 하는 것은 사실 우리에게 별로 문제가 되지 않는다. 그 죄가 그 죄이다. 우리는 다 비슷한 존재이다. 죄를 짓지 않은 사람은 하나도 없기 때문이다.

결국 죄책감이 있느냐 없느냐가 중요하다. 얼마나 자기 죄에 대해서 아파하는가? 죄에 대해 어떤 정도의 고통을 느끼는가? 자신의 죄가 용서받았다고 확신하는 사람은 자기의 죄가 너무 크고 악하며 심각했던 것을 안다. 그래서 그 죄를 용서받은 것에 대한 감사를 표현한다. 자기의 모든 것을 바쳐서 표현한다. 사랑한다고 크게 소리친다. 여인이 귀중한 옥합을 깨뜨려 향유를 부은 행동이 바로 그런 사랑의 표시이다. 그 향유 담긴 옥합은 그 거리의 여인이 평생 모은 전재산일지도 모른다. 깨지 않고 가지고 있어야 미래를 위한 보험이 되는 것이지, 옥합을 깨뜨려 향유를 공기 중으로 날려버리면 더 이상 가치가 없는 것이다. 그런데 여인은 그 향유를 예수님을 위해 써버렸다.

그렇다고 해서 이렇게 사랑하기만 하면 죄를 용서받는다는 '행위 구원'을 말하는 것이 아니다. 이 여인은 사랑하고 있기 때문에 사죄함을 받은 것이 아니라 믿었기 때문에 사죄함을 받은 것이다. 그녀는 예수님이라는 분에게 하나님의 은혜가 있다는 사실을 인정하고 붙들었으며, 그 결과 사죄함을 받은 것이다. 그리고 사랑의 뜨겁고 큰 감사의 표현이 마음속에서 타오르게 된 것이다. 여인의 사랑은 믿음의 표현이었던 것이다. 그러니 예수님이 "네 믿음이 너를 구원하였으니 평안히 가라"고 선언하셨다. 예수님이 이 여인의 믿음을 그렇게 인정해주셨다.

그런데 예수님이 이렇게 한 사람의 믿음이 그 사람을 구원했으니 평안히 가라고 말씀하신 경우는 성경에 그리 많지 않다. 이 향유 부은 여인에게 그렇게 말씀하셨고, 혈루증으로 고생하다가 예수님의 옷 술을 붙잡아 치유받은 여인에게 동일한 말씀을 하셨다(눅 8:48). 이 두 경우 외에 "네 믿음이 너를 구원하였느니라"는 표현은 감사하러 돌아온 한센병 환자(눅 17:19)와 시각장애인의 치유 이야기(눅 18:42, 막 10:52)에 등장한다.

"네 믿음이 너를 구원하였으니 평안히 가라." 이 희귀한 예수님의 말씀을 묵상하면서 이 표현에 믿음생활을 하는 우리 인생에 대한 핵심적인 교훈이 담겨 있다는 생각이 들었다. 우선 예수님은 "가라!"고 명령하신다. 여인은 자신의 인생길을 가야 했다. 구원의 은혜를 받았고 사랑이 크다는 칭찬을 들었다고 해서 예수님은 그 여인에게 함께 있자고 하지 않으시고 가라고 하셨다. 밥 한 끼 대접하고 보내지도 않고 바로 가라고 하신 것이다. 어디로 가야 하는가? 바로 여인이 살던 터전으로 가야 했다. 그 여인의 집이든 사창가이든, 바로 그곳을 변화시키라고 그곳으로 보내셨다. 사명을 주어 보내셨다.

예수님은 복음서에서 이적을 베푸신 후에 머물러 함께 있자고 하신 경우가 많지 않다. 대부분 가라고 하셨다. 집으로 가라고 하셨다. 혈루증에 걸렸다가 예수님의 옷깃을 붙잡고 나은 여인에게도 예수님은 나와 함께 다니면서 여성 강사가 되어 사람들에게 간증을 하라고 제안하지 않으셨다. 그 여인에게도 가라고 말씀하셨다.

1897년에 발간된 「예수님이라면 어떻게 하실까?」(브니엘 펴냄)라는 제목의 소설이 있다. 찰스 M. 쉘돈 목사의 이 유명한 소설은 감동적으로 설교하기를 좋아하던 맥스웰 목사가 실직한 인쇄공의 죽음을 접하면서 "예수님이라면 어떻게 하셨을까?"라는 질문을 던지며 특별한 동아리를 만들어 예수님의 안목으로 세상을 바라보는 이야기이다.

그중 부유한 상속녀 버지니아의 오빠 롤린은 찬양사역자 레이첼에게 청혼했으나 거절당했고, 사교계에서 소일하는 한량이었다. 그가 천막집회에서 회심을 체험한 후 어떤 행보를 보이는가? 그는 사교계에 계속 드나들었다. 그 도시의 사교계에서 방탕한 삶을 사는 젊은 남자들, 목적 없이 살아가는 자신과 같은 사람들을 전도하는 일을 계속하기 위해 그렇게 했다. 그것이 "예수님이라면 어떻게 하실까?"라는 질문에 대한 롤린 나름의 대답이었다. 롤린은 그 일을 자신의 십자가라고 여기면서 동료들에게 복음 전하는 일을 계속했다. 롤린은 예수님을 만난 후 바로 자기의 삶의 마당으로 갔던 것이다.

일하는 제자로 구원받은 우리는 우리의 일터로 가야 한다. 그 곳에서 예수님을 증거해야 한다. 사랑받고 구원받은 사람으로서 받은 구원과 사랑을 전해야 한다. 우리와 함께 일하는 사람에게 그렇게 해야 한다. 그래서 예수님은 가라고 하신다. 여인은 불안과 두려움을 가지고 예수님에게 왔다. 그런데 이제 평안히 가게 되었다. 예수님이 "평안히 가라"(Go in peace)고 하셨다. 이것은 어떻게 가능한가? 믿음으로 구원받았기 때문이다. 여인은 믿음으로 구원받았다. 여인이 부은 값비싼 향유 때문에 구원받은 게 아니었다. 여인의 안타까운 눈물 때문이 아니었다. 여인들이 귀하게 여기기에 함부로 풀어헤치지 않는 그 머리카락 때문에 구원받은 것이 아니었다.

바로 믿음이 여인을 구원했다. "예수님이 나의 많은 죄를 사하신 분이다. 나를 사랑하신 분이다." 이 사실을 믿음으로 인해 구원받은 것이다. 이 믿음으로 인해 여인은 예수님의 말씀대로 샬롬의 삶을 살았을 것이다. 그래서 그 여인의 삶에 획기적인 변화가 있었을 것이다. 직업의 전환이 있었고 삶의 자세가 달라졌을 것이다. 우리는 충분히 상상할 수 있다.

주님이 말씀하셨다. "사함을 받은 일이 적은 자는 적게 사랑하느니라"(눅 7:47). 여인의 사랑함이 그렇게 많았던 것은 그의 많은 죄가 사함받았기 때문이라는 말이다. 오늘 우리는 우리의 사랑을 표현해야 한다. 우리의 죄를 용서받았는가? 우리의 상처를 치유받았는가? 그렇다면 사랑해야 한다. 주님을 사랑해야 한다. 사람들을 사랑해야 한다. 사랑으로 우리가 죄 사함 받았음을 나타내야 한다. 나의 아팠던 죄와 상처를 되새기면 되새길수록 우리의 사랑은 깊어져야 한다. 이제는 사랑할 때이다. 죄 사함을 받은 우리가 이렇게 표현하는 사랑이 곧 믿음이다. 이제 우리가 어떻게 사랑을 표현할 것인가 궁리하자. 어떻게 주님을 사랑할 것인가? 어떻게 내 가족들을 사랑하고 일터의 동료들을 사랑할 것인가? 어떻게 우리 이웃들을, 우리 민족을 사랑할 것인가? 그것을 생각해야 한다. 예수님에게 받은 구원의 사랑에 감사하여 세상을 향해 우리의 큰 사랑을 표현할 수 있어야 한다.

하나님이 의롭다고
인정하시는 믿음

예수님이 십자가로 향하는 사역을 마무리해 갈 무렵, 누가복음
이 전하는 기록에 독특하게 눈에 띄는 부분이 있다. 매우 친절한
누가의 필치를 느낄 수 있다. 예수님이 말씀하신 불의한 재판장
과 과부에 관한 비유에 대해 아예 구체적인 설명을 달아 놓고 있
다. "항상 기도하고 낙심하지 말아야 할 것"(눅 18:1)을 비유로
말씀하셨다고 한다. 보통 예수님이 하신 비유 말씀은 잘 읽어보
고 그 교훈의 핵심을 찾아야 하는데, 누가는 아예 비유 말씀의
제목을 정해주는 친절을 베풀었다. 더구나 이 비유(눅 18:1-8)와
연속되는 세리와 바리새인의 기도에 대한 비유(눅 18:9-14)는

다른 복음서에는 나오지 않는 누가만의 독특한 자료이다. 누가가 신경을 많이 써서 의도적으로 자신의 복음서에 넣은 내용인 것을 알 수 있다.

예수님은 제자들에게 종말의 때에 늘 기도하며 실망하지 않는 믿음을 가져야 한다는 교훈을 주시기 위해 불의한 재판장과 과부에 대한 비유 말씀을 하신 것이다. 또한 그것은 바리새인과 세리의 기도 비유와 연관되어 있다. 하나님이 의롭다고 인정하시는 참된 믿음이 무엇인지 알려준다. 이제 이 비유들을 통해 누가가 말하고자 하는 제자의 믿음을 함께 생각해보자.

항상 기도하고 낙심하지 않는
믿음을 가져라

예수님은 한 도시에 하나님을 두려워하지 않고 사람을 무시하는 재판장이 있었다고 비유를 시작하셨다. 실제로 예수님 당시에 재판을 통해 무소불위의 권력을 휘두르곤 했던 이방인 재판관들이 있었다고 한다. 이 사람들은 법을 통해 공의와 정의를 세울 수 없는 불의의 대명사였다. 한 과부가 이런 재판장에게 가서 자기의 원한을 풀어달라고 부탁했다. 복수를 부탁한 것이 아닌 법적인 억울함을 호소한 것이었다. 자주 가서 하소연을 하니까 재판장이 번거롭고 귀찮아진 것이다. 그래서 재판장은 이렇게 말했다. "과부의 하소연을 들어줘야지, 안 그러면 내가 귀찮고 괴롭힘을 당하겠다."

예수님이 말씀하셨다. "불의한 재판장이 말한 것을 들으라"(눅 18:6). 불의한 재판장이 과부의 소송에 신경 써서 해결을 해주기로 한 그 이유에 주목해야 한다는 것이다. 그는 하나님을 두려워하지 않고 사람도 무시하는 재판장인데, 심지어 법이라는 권력을 손에 쥐고 휘두르는 사람이다. '불의한 재판장'이라고 예수님이 명시적으로 규정하는 사람이다. 이런 사람이 자신을 귀찮고 번거롭게 할 과부에게 두 손 들고 항복했다는 것이다.

그다음에 예수님의 말씀 중에 중요한 부사가 나온다. 바로 '하물며'이다. "하물며 하나님께서 그 밤낮 부르짖는 택하신 자들의 원한을 풀어주지 아니하시겠느냐. 그들에게 오래 참으시겠느냐"(눅 18:7). 예수님의 말씀 중 '하물며'라는 표현이 꽤 익숙하다. 기도에 대한 교훈을 말씀하시면서 예수님은 "너희가 악할지라도 좋은 것을 자식에게 줄 줄 알거든 '하물며' 너희 하늘 아버지께서 구하는 자에게 성령을 주시지 않겠느냐"(눅 11:13)라고 말씀하셨다. 누가복음 12장에서는 "오늘 있다가 내일 아궁이에 던져지는 들풀도 하나님이 이렇게 입히시거든 '하물며' 너희일까보냐. 믿음이 작은 자들아"(눅 12:28)라고 예수님이 말씀하신 적이 있다. 누가가 좋아하는 비교의 논리, 즉 '하물며'가

불의한 재판장 비유 말씀에도 등장한다.

그러니 우리는 항상 기도하고 낙심하지 말아야 한다. 우리가 가지고 있는 문제들을 하나님께 가지고 가서 기도하는 것이 중요하다. 항상 기도해야 한다. 일상적으로 하는 일들도 기도하는 마음으로, 주님에게 그 모든 과정을 의지하면서 진행해야 한다. 그것이 항상 기도하는 자세이다.

유대인들은 다니엘처럼 하루에 세 번 기도하는 것을 최대한의 기도 횟수로 인식했다고 한다. 세 번을 넘어서 더 자주 많이 기도하면 그것은 하나님을 귀찮게 한다고 보았다. 그래서 기도시간을 제한해서 하루에 세 번까지로 한정했다는 것이다. 아홉 시, 열두 시, 오후 세 시 정도에 주로 성전에 올라가서 기도했다. 그런데 이것은 유대인들의 착각이다. 바울이 교정해주고 있다. "쉬지 말고 기도하라"(살전 5:17). "모든 기도와 간구를 하되 항상 성령 안에서 기도하고 이를 위하여 깨어 구하기를 항상 힘쓰며 여러 성도를 위하여 구하라"(엡 6:18). 우리는 항상 기도하고, 기도하는 자세로 살아야 한다.

또한 기도하면서 응답이 더디더라도 낙심하지 말아야 한다. 안 된다는 부정적인 생각을 갖지 말아야 한다. 하나님이 분명하게 안 된다는 사인을 주시면 물론 수긍해야 한다. 그런데 그렇지 않다면 기다려야 한다. 기도는 이렇게 인내하면서 계속해야 함을 우리는 예수님의 비유 속 과부에게서 배울 수 있다.

아마도 불의한 재판장을 굴복시킨 사람은 별로 없었을 것이다. 그런데 과부는 포기하지 않고 계속 문을 두드렸다. "구하라. 그러면 너희에게 주실 것이요 찾으라. 그러면 찾아낼 것이요 문을 두드리라. 그러면 너희에게 열릴 것이니 구하는 이마다 받을 것이요 찾는 이는 찾아낼 것이요 두드리는 이에게는 열릴 것이니라"(눅 11:9-10). 우리도 기도할 때 이렇게 작정하고 참으면서 기다리는 것이 중요하다. 구해보고, 안 되면 찾아보고, 또 안 되면 두드려보는 것이다. 이런 기도의 중요한 교훈을 우리는 이 과부에게서 배워야 한다.

또한 기도할 때는 그 근거가 정당해야 하는 것이 중요하다. 과부는 자기 욕심에 끌려서 되지도 않을 문제를 재판장에게 청탁한 것이 아니었다. 약자인 자신을 돌보지 않는 원수에 대해 한이 맺힌 것이 있었다. 억울해도 제대로 말하지 못하고, 돈이 곧 법인 사회에서 사법적인 약자가 겪는 문제를 가지고 와서 재판장에게 요구했다. 할 수 있는 것이라곤 자주 가서 하소연하고 읍소하는 방법밖에는 없었다.

오늘 우리도 우리가 하는 기도의 내용이 정당해야 한다는 점을 잊으면 안 된다. 내가 잘못한 것이면 손을 써서 죄를 가리려고 하면 안 된다. 엎드려 회개해야 한다. 기도는 복수가 아니다. 탐욕의 요술램프도 아니다. 우리가 하는 기도는 공의에 근거해서 하나님께 부탁드리는 호소여야 한다. 하나님의 나라가 정의롭게 서는 데 하등의 걸림돌이 없어야 한다. 따라서 우리는 기도할 때 기도내용을 잘 점검해야 한다. 불의한 재판장이 굴복할 만한 정당성, 그런 의로움을 과부가 가지고 있었던 것에 주목해야 한다. 우리가 세상에서 가장 의로우신, 절대적으로 정의로우신 하나님께 기도를 하면서 어떻게 불의한 내용의 기도를 할 수 있겠는가?

이런 잘못된 내용의 기도, 의롭지 못한 기도에 대해서 우리는 예수님의 기도 비유 2탄에서 확인할 것이다. 누가복음 18장 9절에 나오는 비유에서 살펴보자. 첫 번째 비유에서 예수님이 결론처럼 말씀하시는 것이 바로 8절이다. "내가 너희에게 이르노니 속히 그 원한을 풀어주시리라. 그러나 인자가 올 때에 세상에서 믿음을 보겠느냐 하시니라."

과부처럼 정당한 내용을 가지고 인내하면서 계속 기도하면 하나님이 속히 이루어주신다고 한다. 여기서 예수님이 말씀하시는 '속히'라는 시간 개념도 생각해봐야 한다. 속히 원한을 풀어주시겠다고 하는데, 이것은 당장 기도 응답이 있다는 뜻일까? 과부가 한 대여섯 번, 아니면 열 번쯤 가서 불의한 재판장이 굴복했다면 그것보다 더 빨리 하나님은 응답해주시는 것일까? 항상 기도하고 낙심하지 말아야 할 것을 가르치는 예수님의 비유임을 명심하고 여기서 우리는 하나님의 시간 개념을 염두에 두어야 한다.

사도 베드로가 말한다. "사랑하는 자들아… 이 한 가지를 잊지 말라"(벧후 3:8). 무엇을 잊지 말라는 것인가? "주께는 하루가 천 년 같고 천 년이 하루 같다"는 사실을 잊지 말라는 것이다. 그러니 하나님의 '속히'가 우리에게는 '속 터지게'일 수도 있다. 그래서 기도를 하면서 낙심하지 않기 위해 우리는 하나님의 관점을 배우는 것이 중요하다. 기도가 무엇인가? 하나님께 여쭙고 들으면서 하나님에 대해서 더 많이 알게 되는 것이다. 우리가 사람들과 교제하고 알아가는 것과 비슷하다. 기도가 깊어질수록 하나님의 속성에 대해서 우리는 더 잘 알아간다. 하나님의 섭리와 경륜에 대해서 점점 눈을 떠가는 것이다. 그러면 "속히 그 원한을 풀어주신다"는 말씀이 무엇인지 이해할 수 있게 된다.

하나님이 의롭다고 인정하시는 믿음을 가져라

제자들에게 귀한 믿음이 있어야 하는데 그런 믿음을 갖지 못하니 안타깝다고 경고하시면서 예수님은 또 다른 믿음에 대한 비유를 말씀하셨다. "또 자기를 의롭다고 믿고 다른 사람을 멸시하는 자들에게 이 비유로 말씀하시되"(눅 18:9).

예수님이 바리새인들에게 특별히 목적을 가지고 말씀하신 비유이다. 바리새인들은 어떤 믿음을 가지고 있었는가? 제자 공동체에서 보기 힘든 믿음을 바리새인들 중에서 발견한 것이 아니다. 이 사람들은 하나님을 믿는 것이 아니라 아예 자기를 의롭다고 믿는 것이 문제였다. 이들은 명목상으로는 하나님에게 기도한다고 하면서 사실은 자신에게 기도하는 것이었다. 그러니 기도가 전적으로 자기 자랑에 불과했다.

바리새인들은 예수님의 기도에 대한 가르침으로 보면 항상 기도하는 사람이었고, 낙심도 하지 않는 사람들이었다. 그러나 예수님이 바라시는 진정한 믿음을 가진 사람들도 아니었다. 하나님을 믿는 것이 아니라 자기를 믿는 것이 문제였다. 정말 그런지 바리새인의 기도 내용을 살펴보자.

바리새인은 "하나님이여"라고 하나님을 불러놓고 내내 자기 자랑을 했다. 남의 것을 빼앗거나 착취하지도 않고, 불의를 행하지도 않으며, 간음하지도 않는다고 기도했다. 그런 사람들과 같지 않다고 자랑했다. 그리고 옆에 있는 세리와도 같지 않음을 감사한다고 했다. 바리새인의 알량한 비교를 좀 보라. 바리새인은 자신을 위대한 사무엘 선지자와 비교하지 않았다. 성전에서 경건하게 메시아를 기다리던 시므온과 비교하지도 않았다. 알량하게도 죄인의 대명사로 불리던 세리와 자신을 비교하고 있는 것이다. 이렇게 약아빠진 사람들이었다. 대속죄일에 일 년에

한 차례 하면 되는 금식을 일주일에 두 번씩이나 한다고 자랑했고, 소득의 십일조를 드린다고 했다. 바리새인에 관한 다른 부분을 참고하면 바리새인들은 해마다 농사를 지은 소출만이 아니라 텃밭에서 키우는 박하와 회향과 근채의 십일조도 빠뜨리지 않고 한다고 자랑했던 것이 분명하다(마 23:23).

그러니 바리새인들은 믿음의 대상을 착각한 것이다. 믿음은 하나님을 향해서 인간이 갖는 의지와 신뢰의 마음과 행동이다. 항상 기도하고 낙심하지 않는 것이 믿음이라고 예수님이 지적하신 것도 바로 하나님께 의지하는, 믿음의 기본적인 개념을 담고 있는 것이다. 그런데 이런 믿음의 방향에 대한 착각을 바리새인들이 했다. 이런 잘못된 기도에 대해서 지적하면서 예수님은 참된 기도의 모범을 보여주셨다. 여기 등장하는 사람이 바리새인의 상대역인 세리였다.

세리가 기도하는 자세와 그 기도의 내용을 살펴보자. "세리는 멀리 서서 감히 눈을 들어 하늘을 쳐다보지도 못하고 다만 가슴을 치며 이르되 하나님이여 불쌍히 여기소서. 나는 죄인이로소이다 하였느니라"(눅 18:13). 세리는 사람들로부터 멀어지기도 했고, 하나님 앞에서도 한없이 겸손한 자세로 기도했다. 보통 기도는 성전 뜰에서 하는데, 아마도 바리새인은 성전 가까운 곳까지 가서 기도했을 것이다. 그런데 세리는 반대편인 끝쪽, 성전과 멀리 떨어져서 기도했을 것이다. 그리고 세리가 한

"하나님이여 불쌍히 여기소서. 나는 죄인이로소이다"라는 기도의 내용은 하나님의 임재를 느낀 자의 처절한 자기 인식을 보여준다.

하나님의 놀라운 영광 앞에 선 인간은 예외 없이 자신의 죄를 고백하게 되어 있다. 사도 바울이 예수님을 만난 후 자기를 "죄인 중에 괴수"(딤전 1:15)라고 고백했다. 하나님의 거룩한 성전과 온 땅에 거룩하게 임한 하나님의 영광을 본 이사야 선지자도 자신의 입술이 부정함을 고백했다. "화로다. 나여 망하게 되었도다"(사 6:5). 갈릴리 호수에서 밤새 그물질을 했지만 물고기를 한 마리도 못 잡은 후 예수님에게 붙들려 말씀을 들은 베드로는 말씀에 의지하여 깊은 곳으로 가서 그물을 던졌다. 많은 물고기를 잡은 베드로가 주님 앞에 엎드려 고백했다. "주여 나를 떠나소서. 나는 죄인이로소이다"(눅 5:8).

기도해서 하나님을 알게 된 자의 처절한 자기 고백이 의롭다 하심을 받는 길이다(눅 18:14). 자기를 의롭다고 믿는 바리새인은 결코 알 수 없는 이 믿음의 신비를 예수님이 결론으로 제시하신다. 여기서 의롭다 하심을 받는 것은 법정 용어인데, 무죄 판결을 받는다는 뜻이다. (바울 서신에서는 자주 볼 수 있지만) 복음서에서는 구원을 이렇게 법정적인 개념으로 표현하는 경우가 드물다. 그런데 예수님이 말씀하신 세리의 기도 비유에서 우리는 구원의 그림 언어들 중 하나인 '칭의'의 이미지를 발견할 수 있다. 하나님이 의롭다고 인정해주시는 믿음으로 우리도 구원받았다.

이 비유들 속의 과부와 세리는 공통점이 있다. 그들은 고통받는 사람들이었다. 그래서 하나님 앞에서 간절한 자신의 처지를 호소했다. 자신의 연약함을 고백하며 절대자이신 하나님을 전적으로 의지하는 믿음을 가진 사람들이었다. 또한 비유 속의 불의한 재판장과 바리새인도 공통점이 있다. 바리새인이 자기를 의롭다고 믿는 것은 재판장이 하나님을 두려워하지 않는 것과 비슷하다. 재판장이 사람을 무시하듯이 바리새인은 세리를 멸시했다. 재판장은 과부의 억울한 소송을 들어주었으나 바리새인은 세리를 끝내 무시했다. 바리새인은 오히려 불의한 재판장보다 못한 모습을 보이고 있다.

과연 누가 하나님의 나라에 들어갈 믿음을 가졌는가?

예수님은 바리새인을 철저히 겨냥하고 계신다. 이 말씀 후에 사람들이 어린아이를 데려오면서 예수님이 만져주시기를 바랐는데 제자들이 꾸짖었다고 한다. 예수님이 그 어린아이들을 불러서 가까이 하시고 이렇게 말씀하셨다. "어린아

이들이 내게 오는 것을 용납하고 금하지 말라. 하나님의 나라가
이런 자의 것이니라. 내가 진실로 너희에게 이르노니 누구든지
하나님의 나라를 어린아이와 같이 받아들이지 않는 자는 결단
코 거기 들어가지 못하리라"(눅 18:16-17). 어린아이들을 말씀
하시면서 예수님은 어떤 교훈을 주셨는가? 하나님의 나라에 들
어가는 구원에 대한 교훈을 주셨다. 어린아이들과 같이 순수하
게 복음을 받아들여야 하나님의 나라에 들어갈 수 있다.

그런데 하나님의 나라에 관한 이 질문은 전에 바리새인들이
했다(눅 17:20). 하나님의 나라가 어느 때에 임하는지 바리새인
들이 질문했다. 그때 예수님은 하나님의 나라는 볼 수 있게 임
하는 것이 아니라 여기 있다 저기 있다고도 못하며, 하나님의
나라는 질문하는 그들 안에 있다고 말씀하셨다(눅 17:20-21).
그렇게 하나님의 나라에 들어갈 수 있는 사람이 누구인지 이 비
유들을 말씀하신 후에 예수님이 알려주셨다. 예수님이 십자가
를 향해 가시는 길의 막바지 여정에서 누가복음의 저자 누가는
이 중요한 교훈을 우리에게 주고 있다.

예수님이 마지막 예루살렘 여행을 하면서 여리고를 거쳐 가
시는 길에서 만난 세 사람의 이야기를 누가가 기록하고 있다.
그 세 사람은 차례로 부자관리(눅 18:18-30), 한 시각장애인(눅
18:35-43), 세리장 삭개오(눅 19:1-10)이다. 이 사람들은 우리
가 보는 이 비유들을 잘 반영하고 있다. 이들이 과연 항상 기도

하고 낙심하지 않는 믿음을 가지고 있는지, 그렇지 않은지 실증적으로 보여주는 기준이 있다. 이 세 사람이 예수님을 따르는지, 따르지 않는지 그 여부이다.

차례대로 누가복음 18장에서 다루는 비유들과 비교해보자. 먼저 예수님을 찾아와 무엇을 해야 영생을 얻을 수 있는지 질문했던 부자관리가 있다(눅 18:18-23). 이 관리는 예수님이 말씀하신 계명들을 어려서부터 다 지켰다고 장담하는 것으로 보아서 바리새인이었을 가능성이 있다. 관리로 권력을 가진 사람이니 불의한 재판장과도 비슷한 사람처럼 보인다. 그런데 이 사람은 예수님이 영생을 얻는 방법을 소개해주셨지만 순종하지 못했다. 재산을 팔아서 가난한 사람들에게 주고 따르라는 예수님의 말씀을 듣고 큰 부자여서 심히 근심했다고 한다(눅 18:23). 아쉽지만 부자관리는 그가 질문했던 영생을 얻는 일에 실패했다.

예수님이 여리고 가까이에 가셨을 때 만난 한 시각장애인은 어떤가?(눅 18:35-43). 이 사람도 불의한 재판장과 과부의 비유 속에 나오는 과부와 같이 딱한 사람이었다. 이 사람이 예수님을 만나 눈을 뜨고 싶은 믿음으로 "다윗의 자손 예수여 나를 불쌍히 여기소서!"라고 소리쳤다. 이 사람에게 예수님이 말씀하셨다. "보라. 네 믿음이 너를 구원하였느니라"(눅 18:42). 이 사람은 십자가를 지기 위해 예루살렘으로 가시는 예수님을 길에서 따랐다. 사람들이 이 일을 보고 하나님을 찬양했다(눅 18:43).

과부와 세리에게 볼 수 있는 믿음을 이 시각장애인이 잘 보여주고 있다.

예수님이 여리고로 들어가 지나가실 때 만난 세리장 삭개오가 있다(눅 19:1-10). 이 사람은 예수님을 만나 결국 자기 자신을 내놓았다. 몸으로 예수님을 향해 자신을 고백했다. 예수님을 보려고 애쓰며 돌무화과나무 위로 올라갔다. 바리새인과 세리의 비유 속에서 세리가 했던 기도를 삭개오가 했을 것 같다. "하나님이여 불쌍히 여기소서. 나는 죄인이로소이다." 예수님이 삭개오를 부르셨고, 그의 집에서 식사하시며 삭개오도 아브라함의 자손이라고 선언하셨다. 삭개오도 예수님이 직접 찾아와 구원해주신 한 사람이었다(눅 19:8-10). 이렇게 하나님의 나라에 들어가는 것이 어떤 것인지, 세 사람의 실제적인 사례를 통해 누가가 분명하게 보여주고 있다. 하나님이 의롭다고 인정해주시는 믿음을 가진 사람들이 하나님의 나라에 들어갈 수 있음을 알 수 있다.

하나님의 나라가 새 하늘과 새 땅으로 가시적으로 임하는 재림의 시기가 가까워오고 있다. 언제인지 알 수 없으나 어제보다는 하루 더 가까워진 오늘이다. 이런 시대에 예수님은 세상에서 믿음을 보겠느냐고 한탄하신다. 누가복음에서만 볼 수 있는 두 가지 독특한 비유 말씀을 통해 예수님은 우리에게 믿음에 대해 가르쳐주신다. 항상 기도하고 낙심하지 않는 믿음이 있어야 한다. 우리는 하나님의 응답을 기대하면서 하나님의 뜻을 알아가는 기도에 집중해야 한다. 또한 하나님의 실존 앞에서 나약하고 죄악 된 자신을 깨닫고, 하나님에게 의롭다 하심을 받는 믿음을 가져야 한다. 이런 믿음을 가지면 우리는 하나님의 나라에 들어갈 수 있다. 여리고 성에서 예수님을 만난 한 시각장애인처럼, 여리고 세무서의 세리장 삭개오처럼 말이다. 그래서 우리도 일터에서 예수님을 따르는 제자로, 또한 일터에서 회개한 직업인으로 살아가는 일하는 제자의 삶을 살아갈 수 있다.

믿음으로 훈련받아
제자로 성장하다!

우리에게 믿음을
더하소서!

사복음서에는 공통되는 병행구절들이 꽤 있다. 그런데 다른 복음서들보다도 누가복음에는 다른 복음서엔 없는 독특한 본문들이 있다. 누가복음 17장 1~10절도 다른 복음서에 뚜렷한 병행구절이 없는 부분이다. 물론 17장 1~2절은 마태복음 18장 6~7절에서 작은 자를 실족하게 하는 일의 위험성에 대해 하신 내용과 비슷하고, 17장 3~4절의 하루에 일곱 번이라도 용서하라는 말씀은 일만 달란트 빚진 자에 대한 비유 말씀에서 일곱 번뿐 아니라 일곱 번을 일흔 번까지라도 용서하라는 말씀(마 18:22)과 비슷한 면이 있긴 한다. 그러나 그 중심 주제에는 조금 차이가 있다. 누가복음에서는 같은 내용의 비유나 주제의 말씀을 예수님이 하신다고 기록하더라도 누가복음에 맞는 상황과 의도가 있다.

특히 누가복음에는 예수님의 말씀을 듣는 청중을 구분하는 특징이 있다. 예수님이 말씀을 하시는데 '무리'에게 말씀하신 경우가 있고(눅 15:1-3), '바리새인들'과 같은 특정한 사람들에게 하신 말씀도 있다(눅 16:14-15). 그리고 제자들에게 따로 말씀하신 경우가 특히 이채로운데(눅 16:1), 우리가 보는 이 부분도(눅 17:1) 바로 제자들에게 예수님이 말씀하셨던 것을 알 수 있다. 모든 대상을 향해서 말씀하신 예수님의 교훈에 관심을 가져야 하겠으나 특히 예수님을 믿고 일하는 제자로 살아가는 우리에게는 예수님이 제자 공동체에 주신 말씀이 더욱 요긴하고 유익할 수 있다. 예수님은 과연 제자들에게 어떤 교훈을 주시며 믿음을 세워주시는지 살펴보자.

왜 제자들은 믿음을 더해 달라는 기도를 했을까?

제자들이 예수님에게 "우리에게 믿음을 더하소서!"(눅 17:5)라고 기도하는 것이 특히 눈에 들어온다. 이 기도가 이 부분의 핵심적인 메시지이다. 그러면 왜 제자들이 이렇게 기도를 했는지 확인해봐야 한다. 예수님이 제자들에게 하신 말씀을 듣고 제자들이 이렇게 기도했다. 확대된 많은 청중들보다는 가까이에 있는 핵심적인 제자들에게 예수님이 말씀을 하셨다(눅 17:1).

예수님이 먼저 하신 말씀은 '실족(失足)하게 하는 것'에 대한 것이다. 실족하게 한다는 것은 함정에 빠뜨리고 유혹에 빠지게 하는 것을 말한다. 동물을 잡기 위해 덫을 놓고 함정을 파놓는 경우이다. 실족하게 하는 것이 없을 수는 없다고 말씀하시는 것은 흔히 있을 수 있는 일이니 당연하거나 괜찮다는 뜻이 아니다. 흔한 '현실'을 '진리'라고 오해하면 안 된다. 일상적으로 있는 일이라도 그렇게 실족하게 하는 사람에게는 화(禍)가 있다고 하시는 말씀을 특히 유념해서 우리는 사람들을 실족하게 하지 않기 위해 노력해야 한다.

실족하게 하는 것이 구체적으로 어떤 경우인지 예수님이 말씀하신다. "작은 자 중의 하나를 실족하게 할진대"(눅 17:2). 이 '작은 자'는 어린아이를 가리킨다고 볼 수도 있지만 공동체를 염두에 둔다면 믿음이 연약한 사람들을 의미한다. 제자들이 섬기고 돌봐야 할 초신자들을 가리킨다고 보는 것이 좋겠다. 그런 연약한 믿음을 가진 한 사람을 실족하게 해도 차라리 연자 맷돌을 목에 매여 바다에 던져지는 것이 낫다고 하신다.

예수님의 비유 말씀들에 간혹 과격한 표현들이 있다. 예수님은 그냥 부드럽게 좋고 편하고 아름다운 말들로만 설교하지 않으셨다. 거칠고 강한 표현을 종종 사용하셨다. 가축들이 끄는 거대한 연자 맷돌을 목에 매고 바다에 던져지는 일을 상상해보라. 당시에 예수님의 말씀을 듣던 사람들도 처음 듣는 이야기는 아니었더라도 오싹한 느낌을 받았을 것이다. 예수님은 이런 심각한 비유적 표현뿐만 아니라 필요하면 저주와 욕설도 간혹 하시면서 경각심을 끌어내셨다.

위선적인 종교인들에게 예수님은 "화 있을진저 외식하는 서기관들과 바리새인들이여 회칠한 무덤 같으니 겉으로는 아름답게 보이나 그 안에는 죽은 사람의 뼈와 모든 더러운 것이 가득하도다"(마 23:27)라고 호통을 치셨다. 심지어 "뱀들아 독사의 새끼들아 너희가 어떻게 지옥의 판결을 피하겠느냐"(마 23:33)라고 저주의 독설을 쏟아놓으셨다. 심지어 제자인 베드로가 예수님의 정체에 대해 대답을 잘하는 것 같다가 엉뚱하게 곁길로 나가자 "사탄아 내 뒤로 물러가라. 네가 하나님의 일을 생각하지 아니하고 도리어 사람의 일을 생각하는도다"(막 8:33)라고 호되게 꾸짖으셨다. 물론 오늘날 보통의 목회자가 이렇게 예수님처럼 설교하면 쫓겨난다!

여하튼 연자 맷돌에 목을 매인다는 표현에도 예수님의 과격함이 드러나고 있다. 예수님이 말씀하신 연자 맷돌은 나귀나 짐

승이 끄는 큰 맷돌이다. 가운데 곡식 넣는 구멍에 줄을 매서 그
것을 죄수의 목에 매달아 함께 바다에 던지는 사형법이 있었다
고 한다. 유대에서는 행해지지 않은 것 같고 로마나 시리아, 그
리스 같은 나라에 그런 사형제도가 있었다고 한다. 청중들이 듣
거나 혹시 봐서 알고 있는 사형 처형 방법들 중에 하나였다.

그런데 얼마나 비참한 죽음인가? 몸무게보다 더 큰 무게의
돌에 묶여 바다에 던져지면 굉장히 두렵고 고통스럽게 죽는다.
그 형벌의 가혹함에 제자들이 몸서리치면서 작은 자 한 사람을
시험에 들게 하거나 힘든 상황에 빠지게 하면 안 되겠다고 느꼈
을 것이다. 없을 수 없는 일인데 그런 일을 하는 사람에게는 이
런 심각한 형벌이 있다고 하시니 제자들이 참 난감했을 것이다.
어쩌면 자포자기의 심정이 되었을 것 같기도 하다.

"너희는 스스로 조심하라"고 하시면서 예수님이 또 말씀하셨
다. 이제는 '작은 자'가 아니라 '형제'라고 말씀하신다. "만일 네
형제가 죄를 범하거든 경고하고 회개하거든 용서하라"(눅 17:3).
여기서 '형제'란 믿음이 연약한 초신자들 뿐만 아니라 공동체의
모든 구성원을 말할 것이다. 작은 자들도 포함되는 공동체의 구
성원들은 실족하기만 하는 것이 아니라 죄를 범할 수도 있다. 그
때는 경고하라고 하신다. 형제가 잘못할 때 가만히 있는 것은 형
제 사랑이 아니다. 방관은 나쁜 태도일 뿐만 아니라 죄이기도 하
다. 형제의 죄에 대해서는 지적하고 경고할 수 있어야 한다.

레위기에 보면 돌아다니며 사람을 비방하고 이웃의 피를 흘려 이익을 도모하는 사람들을 마음으로 미워하지 말고 그 형제를 반드시 꾸짖고 나무라라고 했다(레 19:16-17). 그래야 그 형제에 대해 죄를 담당하지 않을 것이라고 했다. 잘못하는 형제들을 지적해주고 권면하고 회개를 권하는 일을 우리도 반드시 해야 한다. 그렇게 하지 않는 것도 죄라는 사실을 무겁게 받아들여야 한다.

그러면 지적받은 형제가 회개하면 어떻게 해야 하는가? 그때는 용서하라고 하셨다. 인간관계에서도 잘못했다고 사과하면 용서해주는 것이 미덕이다. 그런데 그런 상황이 반복되면 그 미덕을 실천하기가 쉽지 않다. 예수님은 몇 번이나 용서하라고 하시는가? 일곱 번이다. 그런데 사실 평생 일곱 번 용서하는 것도 쉽지 않다. 하지만 "만일 하루에 일곱 번이라도" 회개하면 그때마다 용서하라고 말씀하셨다(눅 17:4).

유대교 랍비의 격언 중에는 잘못했다고 회개하면 세 번은 용서하라는 교훈이 있다. 세 번도 쉬운 일은 아니다. 그런데 일곱 번이라는 것이 세 번의 두 배 이상의 숫자만을 말하는 것은 아니다. 7이라는 숫자는 유대인들의 관념에서 완전한 수를 말한다. 하루에 일곱 번이라도 용서하라는 것은 용서에 횟수 제한이 없고 무한히 용서해야 한다는 뜻이다. 마태복음에서는 베드로의 질문에 대해 예수님이 용서를 언급하시면서 "일곱 번뿐 아니라 일곱 번을 일흔 번까지라도"(마 18:22) 하라고 하셨다. 이 말씀 역시 490번 용서하라는 말이 아니라 무한히 용서하라는 뜻이다. 결국 예수님의 용서에 관한 교훈은 원수를 사랑하라는 말씀처럼 실천하기가 매우 어렵다.

이런 말씀을 듣고 보니 제자들이 힘들었을 것이다. 가슴이 답답하고 한숨이 나올 만큼 너무나 어려운 일을 해야만 했다. 공동체 안에서 형제들을 실족하게 하는 일을 피하는 일도 어렵고, 서로 무한히 용서하는 일도 쉽지 않을 것 같았다. 제자들이 자신들의 힘으로 너무 부족한 것을 느낀 것이다. 자기의 힘으로는 하루 일곱 번씩 용서할 수 없다는 생각이 들었기에 기도하는 것이다. "우리에게 믿음을 더하소서!"

제자들은 예수님에게 믿음을 달라며 기도하고 있다. 큰 믿음을 달라는 기도였다. 지금 자신들의 믿음으로는 예수님의 말씀을 따를 수 없다는 절박한 현실 인식이 담겨 있다. 사도들이 이 기도를 참 잘했다. 1절에서는 '제자들'이라고 했는데 5절에서는 '사도(使徒)들'이라고 누가가 기록하는 것을 보면 그들이 제자들 중의 제자들이라는 느낌을 받는다. 그들이 믿음의 필요를 느낀 것이니 감사한 일이 아닐 수 없다. 특히 리더십이 믿음을 위해 기도하면 뭔가 변화가 일어날 것 같은 예감이 든다.

예수님이 정의하시는
믿음은 양이 아닌 질

　　물론 여기서 사도들이 예수님께 더해달라고 기도한 '믿음'은 우리가 구원을 얻는 믿음, 다시 말해 그리스도를 믿는다고 고백하고 영접하면 얻는 구원의 믿음을 말하는 것이 아니다. 여기서는 성령의 은사의 목록 중에 있는 '믿음'을 말하는 것이라고 보면 된다(고전 12:9). 그런데 사도들이 예수님에게 믿음을 더해달라는 기도를 할 때 제자들은 믿음에 대해서 어떻게 생각한 것인지 생각해볼 필요가 있다. 제자들은 믿음의 양을 말한 것일까, 아니면 믿음의 질을 말한 것일까? 제자들은 여기서 '큰 믿음'을 가지고 싶었던 것일까? 그랬다. 그들은 믿음의 양과 외형에 관심이 많았고, 믿음의 크기에 대해 생각을 많이 한 것 같다. 그래서 형제를 실족하게 하는 실수도 하지 않고 하루에 일곱 번이라도 용서할 수 있는 믿음을 가지고 싶었던 것이다.

　그러나 예수님은 그렇게 큰 믿음을 가져야 훌륭한 일을 할 수 있다고 생각하는 제자들의 생각과 다르셨다. 예수님의 의도는 작은 믿음이라도 질이 좋은 믿음만 가지고 있으면 큰 능력을 행할 수 있다는 의도로 말씀하셨다. 제자들이 생각하는 믿음에 대한 이해가 잘못되어 있다는 것을 지적하신 것이다. "주께서 이르시되 너희에게 겨자씨 한 알만한 믿음이 있었더라면 이 뽕나무더러 뿌리가 뽑혀 바다에 심기어라 하였을 것이요 그것이 너희에게 순종하였으리라"(눅 17:6).

여기서 주님은 "겨자씨 한 알만한 믿음"이라고 말씀하셨다. 이것은 어떤 의미일까? 겨자씨는 크기가 1~2mm 정도 되는 작은 씨앗이다. 작지만 생명력이 있어서 심으면 싹이 나고 자라나서 나물이나 채소들보다 커진다. 1~2m 이상 자라 새가 깃들기도 한다. 이런 작은 겨자씨만한 믿음이 있어도 뽕나무더러 뿌리가 뽑혀 바다에 심기라고 해도 그렇게 될 것이라는 말이다. 이 뽕나무는 키가 10m에서 13m까지 자라는 큰 나무이다. 열매는 식용으로 쓰고 목재는 가구의 재료가 된다. 그런데 이 나무가 뿌리를 깊이 내려서 밭에서 이 나무를 뽑아내는 일이 보통 일이 아니라는 것이다. 그런데 그렇게 "뽕나무의 뿌리가 뽑히고 그것이 바다에 심겨지라"고 명령해도 이루어진다는 말씀이다. 뽕나무를 뽑아내는 일은 어떻게 해서 하더라도 뽕나무를 바다에다 어떻게 심을 수 있는가? 그런 불가능해 보이는 일이 가능해진다.

바로 믿음으로 인해 가능해진다. 그런데 이 믿음은 내게 갑자기 큰 힘이 생기는 것이 아니다. 믿음은 '창문'과도 같다. 창문을 통해 바라보이는 것의 실체가 창문 그 자체에 있지 않은 것이 믿음과 비슷하다. 창문을 통해 바깥세상을 바라볼 수 있는 것처럼 우리의 믿음이 그렇다. 믿음이라는 창문을 통해 하나님의 능력을 바라보는 것이 중요하다. 또한 창문을 열어야 바깥의 시원하고 깨끗한 공기가 들어온다. 믿음의 창문을 열어야 하나님의 능력이라는 시원한 공기가 들어온다. 믿음은 나의 능력이 아니다. 하나님의 힘을 빌려 신통력을 발휘하는 요술램프도 아니다. 하나님의 능력을 신뢰하는 자세가 바로 믿음이다.

이런 믿음에 근거해서 예수님이 말씀하신 공동체를 생각할 수 있다. 형제를 실족하게 하는 일은 누구나 저지를 수 있고, 내 힘으로 하지 않을 수 있는 것도 아니다. 믿음에 근거해서 하나님이 주시는 능력으로 가능하다. 형제를 하루에 일곱 번이나 용서할 수 있는 것도 나의 내공으로 할 수 있는 일이 아니다. 하나님을 의지하는 믿음으로 가능하다. 예수 그리스도의 큰 용서, 큰 죄인인 나를 용서해주신 그 큰 십자가의 사랑에 근거해서 우리는 용서할 수 있다. 이렇게 믿음의 양이 아니라 질에 관심을 갖는 것이 믿음의 본질에 대한 적절한 이해이다. 전적으로 하나님을 의지하는 믿음이 우리에게도 필요하다. 이런 본질적인 믿음을 더해 달라고 예수님에게 기도해야 하지 않겠는가?

충실한 종의 헌신으로
믿음을 실천하라

예수님의 믿음에 대한 본질적인 정의와 달리 사

도들은 양적인 믿음을 얻기를 희망했다. 뭔가 척척 이루어낼 수 있는 가시적인 믿음을 바라고 기도했다. 이런 제자들의 왜곡된 믿음을 고쳐주시기 위해서 예수님이 종의 비유를 말씀하셨다.

"너희 중 누구에게 밭을 갈거나 양을 치거나 하는 종이 있어 밭에서 돌아오면 그더러 곧 와 앉아서 먹으라 말할 자가 있느냐. 도리어 그더러 내 먹을 것을 준비하고 띠를 띠고 내가 먹고 마시는 동안에 수종들고 너는 그 후에 먹고 마시라 하지 않겠느냐. 명한 대로 하였다고 종에게 감사하겠느냐. 이와 같이 너희도 명령받은 것을 다 행한 후에 이르기를 우리는 무익한 종이라. 우리가 하여야 할 일을 한 것뿐이라 할지니라"(눅 17:7-10).

이 비유를 보면서 어떤 생각이 나는가? 사실 요즘 우리 사회에서 소위 '갑질'이 문제가 되는 것은 오늘날 사람들 사이의 관계는 주인과 종의 관계가 아니기 때문이다. 과거 주종관계가 있던 시대에도 종들에게 그렇게 함부로 대하면 욕을 들었을 만한 횡포가 바로 요즘에 우리가 접할 수 있는 '갑질'이다. 그런데 예수님은 바로 그 주인과 종의 관계를 언급하셨다. 비슷한 점도 있어 보이지만 좀 다른 의미가 담겨 있다. 핵심은 이것이다. "명한 대로 하였다고 종에게 감사하겠느냐?"(눅 17:9). 종일 밭일 같은 집안의 경제적 책임을 다 지고 주인의 수발을 드는 집안일도 다 하는 것은 칭찬받을 일이 아니라 당연한 의무라는 것이다. 예수님은 종이 이런 자세를 가져야 한다고 말씀하셨다.

결국 어떻게 하라는 것인가? 종으로서 헌신해야 한다는 의미이다. 명령받은 것을 다 행한 후에도 "우리는 무익한 종입니다. 우리가 해야 할 일을 한 것뿐입니다"라고 고백하면서 전적으로 주인을 섬겨야 한다는 것이다. 일을 할 때 시간만 채우고 분량만 다 채운 것으로 만족하면 참된 종의 자세가 아니다. 양이 아닌 질, 전적으로 감사와 충성의 마음에서 우러나온 결과로 드러나는 행동이어야 한다. 오늘 우리도 예수님이 말씀하시는 종의 기분과 정서를 경험할 수 있다. 의무감이나 억지로 하는 것이 아니라 마음에서 우러나와 기쁨으로 힘든 일도 해내는 경우가 있지 않은가? 그렇게 해내고 나면 보람되다! 이런 섬김과 봉사의 마음으로 감당하는 일이 바로 믿음의 본질이라는 것이다.

우리가 하나님께 헌신하는 것도 바로 이런 자세이다. 빌립보서에서 바울은 빌립보교회 성도들이 에바브라 디도를 보내 선물로 옥바라지해준 것에 대해 감사했다. 빌립보 교인들의 선물에 대해 이렇게 표현했다. "받으실 만한 향기로운 제물이요 하나님을 기쁘시게 한 것이라"(빌 4:18). 우리가 믿음을 가지고 공동체를 위해 애쓰고 힘내며 충실한 종처럼 일하면 그것이 바로 하나님이 기뻐하시는 헌신이다. 참된 헌신을 하는 사람은 보상이 없고 칭찬을 받지 못해도 실망하지 않는다. 이것이 바로 예수님이 말씀하신 종의 헌신이다. 우리 공동체를 세울 수 있는 믿음이 이렇게 구체적인 헌신으로 드러난다고 가르쳐주셨다.

그런데 예수님이 주인과 종의 관계에서 종의 헌신에 대해서만 강조하신 것은 아니었다. 제자들에게 주신 교훈 중에 주인과 종에 관한 다른 비유를 말씀하셨다(눅 12:35-48). 종말에 관한 말씀을 하시면서 예수님은 허리에 띠를 띠고 등불을 켜고 서 있으라고 하셨다. 제자들을 향해 예수님은 주인이 혼인집에 축하하기 위해 출타했다가 돌아오면 문을 열어주려고 기다리는 종과 같이 되라고 하셨다. 유대인들의 결혼식은 보통 밤에 열렸기 때문에 주인이 결혼식에 참석하고 돌아오면 한밤중이었다. 주인이 돌아올 때 바로 문을 열어주려면 종들은 잠을 자지 않고 깨어 있어야 했다. 그렇게 성실하게 기다리는 종들은 복이 있다는 것이다. 주인이 왔을 때 깨어 있는 종들을 축복하면서 이렇게 말한다. "내가 진실로 너희에게 이르노니 주인이 띠를 띠고 그 종들을 자리에 앉히고 나아와 수종들리라"(눅 12:37). 주인이 종들을 식탁에 앉히고 수발을 들어줄 것이라고 한다.

누가복음 17장에서 비유로 말씀하신 주인과 종의 관계와는 사뭇 다른 모습이다. 아무리 종들이 솔선수범하여 험한 일을 했더라도 주인이 그 종들을 자리에 앉히고 식사시중을 들어주겠는가? 베드로가 놀라서 예수님에게 질문했다. "주께서 이 비유를 우리에게 하심이니이까? 모든 사람에게 하심이니이까?"(눅 12:41). 베드로의 질문에 대해 예수님은 "지혜 있고 진실한 청지기가 되어 주인에게 그 집 종들을 맡아 때를 따라 양식을 나누

어줄 자가 누구냐?"(눅 12:42)라고 질문하며 제자들이 실천해야
할 헌신하는 믿음을 설명해주셨다.

집안의 종들을 책임 맡은 청지기에게 주인이 맡긴 일은 주인
의 집 사람들에게 때를 따라 양식을 나누어주는 일이다. 주인의
가족뿐만 아니라 집안에 관련된 모든 사람에게 때를 따라 식사
를 제공해서 그들이 살아갈 수 있도록 돌보는 일이 바로 청지기
의 일이다. 이런 일은 결국 우리의 평생 과제인 비즈니스를 잘
보여준다. 사람들을 먹여 살리는 문제는 중요하다. 룻이 시어머
니를 부양하기 위해 이삭줍기를 하러 밭으로 나간 일은 가족부
양의 중요한 사명을 다한 것이고, 잠언 31장에 나오는 현숙한
여인도 "밤이 새기 전에 일어나서 자기 집안 사람들에게 음식을
나누어준다"(15절)고 했다. 성경은 직업을 통해 가족을 부양하
는 일의 중요성을 강조한다.

또한 우리는 가족을 부양하는 일만이 아니라 비즈니스를 통
해 세상 사람들을 먹여 살리고 세상을 복되게 하는 책임을 다해
야 한다. 이 세상에 살고 있는 사람들은 궁극적으로는 하나님이
먹여 살릴 책임을 지고 계신다. "모든 육체에게 먹을 것을 주신
이에게 감사하라. 그 인자하심이 영원함이로다"(시 136:25). 우
리가 사람들을 먹여 살리면 그것은 하나님이 하실 일을 대신 하
는 귀한 사명이 된다. 따라서 우리는 내 가족만 부양하는 것으
로 우리의 책임을 다 했다고 생각하면 안 된다. 하나님의 보다

큰 개념의 가족과 식솔들을 먹여 살릴 거룩한 책임을 깨달아야 한다. 이것이 바로 크리스천 직업인들이 가져야 할 높은 차원의 꿈이다.

예수님은 우리 일하는 제자들이 어떻게 일해야 합당한지 말씀하신다. 가족과 종들을 부양하는데 주인이 언제 돌아오더라도 전혀 흐트러짐 없는 모습으로 그 일에 충성하는 것을 원하신다. 주인은 언제 돌아올지 모른다(눅 12:46). 요즘에야 출장을 가거나 여행을 가면 스케줄을 가지고 시간을 잘 맞추어서 하곤 한다. 변경상황이 생기긴 하지만 대체로 일을 마치고 돌아오는 날은 알 수 있다. 하지만 옛날에 도보나 말을 통해 긴 여행을 할 때는 여행기간을 잘 알 수 없었다. 변수가 자주 생긴 것이다. 마치 예수님이 언제 재림하실지 하나님 외에는 아무도 모르는 것처럼(막 13:32) 말이다. 그러기에 우리는 언제나 흐트러짐 없이 바람직한 자세로 일하면 된다. 윗사람이 출장을 갔다가 언제 돌아오는지 별로 신경 쓰지 않으면서 평소에 꾸준히 제대로 일하면 되는 것이 주인이 돌아오는 날을 신경 쓰는 것보다 이렇게 평소에 성실한 것이 오히려 더 쉽고 바람직하다. 이것이 바로 무슨 일을 하든지 사람에게 하듯 하지 않고 주께 하듯 일하는 자세이다(골 3:23).

이렇게 일하지 못하는 청지기의 모습에 대해서 예수님은 길게 말씀하셨다(눅 12:45-48). 예수님의 의도가 우리에게도 경고를 준다. 이 청지기는 '틀림없이 주인이 더디 올 것이다. 일찍 올 리가 없다'라고 생각한다. 그래서 남녀종들을 때리고 먹고 마시고 술에 취한다. 그러다 보니 주인이 잘 돌보고 먹을 것을 주라고 한 사람들을 제대로 돌보지 않는다. 이 악한 청지기는 아직 주인이 올 때가 되지 않았다고 착각한다는 것이다. 그러나 그가 생각하지 않은 날, 예상하지 못한 시간에 주인이 들이닥치 듯이 돌아올 것이다(눅 12:46). 그러면 주인이 엄히 때리고 벌을 줄 것이다.

그러면 지혜 있고 진실하게 청지기의 사명을 다하면 어떤 보상이 있는가? 돌아온 주인은 신실하게 헌신한 복된 종에게 자신이 가진 '모든 재산'을 다 맡긴다고 했다(눅 12:44-45). 모든 재산이란 바로 천국 상급을 암시한다. 우리 직업인들이 오늘 우리에게 맡겨진 일을 제대로 하면 예수님이 재림하실 때 우리를 칭찬해주신다. 이 비유 말씀은 당연하게 종말론적인 관점으로 읽어야 하는데, 우리가 애쓰고 노력하고 헌신하면서 하나님의 나라를 위해 애쓰면 하나님이 우리에게 놀라운 상급으로 채워 주신다는 것이다. 바로 천국에서 그렇게 된다.

우리가 이런 헌신하는 믿음을 가지고 일하면서 살아가면 우리의 공동체를 멋지게 세울 수 있다. 종의 자세로 일하는 이런 믿음을 통해 공동체를 세울 수 있고, 형제를 실족하게 하는 일도 피할 수 있다. 형제가 죄를 범할 때 그렇게 하지 말라고 경고하는 말에 권위가 생길 수 있다. 회개하는 형제를 용서할 수 있다. 하루 일곱 번 같은 죄를 반복하는 형제도 용서할 수 있는 믿음의 내공을 가질 수 있다. 우리도 제자들처럼 믿음을 달라고 기도하면서 주님이 가르치시는 대로 열심히 일하고 살아가야 한다. 우리의 직장 일, 가정 일, 앞날을 위한 준비들, 그 모든 일을 열심히, 불평 없이 감당해야 한다. 그러면 우리의 일하는 제자 공동체를 멋진 하나님의 나라로 세울 수 있을 것이다.

풍랑이 몰아칠 때 더욱 가치를 드러내는 믿음

복음서를 보면 제자들이 예수님에게 야단을 많이 맞았던 것을 알 수 있다. 때로 심각한 꾸중도 들었다. 꾸지람을 듣는 과정이 중요한 훈련이기도 했다. 풍랑을 만난 제자들이 살려달라고 외칠 때 예수님이 꾸짖으면서 이렇게 말씀하셨다. "너희 믿음이 어디 있느냐?"(눅 8:25). 마태복음의 병행구절을 보면 "믿음이 적은 자들아"(마 8:26)라고 하셨고, 마가복음의 병행구절을 보면 "너희가 어찌 믿음이 없느냐?"(막 4:40)라고 더 강경하게 꾸짖으셨다.

누가복음 7장과 8장에 기록된 여러 사건들을 통해 예수님은 믿음에 대해 여러 차례 제자들에게 강조하셨다. 그런데도 참된 민음을 잘 이해하지 못하는 제자들을 향해 꾸짖으신 것이다. "너희의 믿음은 어디에다 뒀니? 믿음이 너무 작다! 어쩌면 이렇게도 믿음이 없느냐?" 특히 예수님의 책망을 살펴보면 일하는 제자들이 가져야 할 제자 공동체의 믿음에 대한 지적임을 확인할 수 있다. 예수님은 풍랑을 잠잠하게 하신 이적 사건에서(눅 8:22-25) 개인의 믿음을 지적하지 않으시고 제자들에게 "너희 믿음이 어디 있느냐?"라고 공동체의 믿음을 지적하셨다. 예수님이 가르쳐 주시려고 하는 제자들의 믿음은 어떤 것인지 살펴보자.

두려운 풍랑보다 더 큰 분,
창조주에 대한 경외심으로

예수님은 공생애 기간 3년 동안 집중적으로 사역하면서 꽤 바쁜 일정을 소화하셨다. 낮에는 말씀을 전하시고 환우들을 고쳐주시며 귀신들린 사람들도 치유해주면서 여러 가지 일을 감당하셨다. 배고픈 군중을 먹이는 일도 하셨다. 그리고 밤 시간을 이용해서 배를 타고 먼 거리를 이동하기도 하셨다. 그러니 예수님이 참 피곤하셨을 것이고, 그저 머리를 대면 어디에서나 잠이 드셨던 것 같다.

하루는 제자들과 함께 배에 올라 호수 반대편으로 건너가자고 하신 예수님이 배에 탄 후 잠드셨다고 한다(눅 8:22-23). 베드로의 목격자 증언을 기록한 것으로 알려진 마가복음에 근거하면 이때 예수님은 "고물에서 베개를 베고 주무셨다"고 한다(막 4:38). 이물(선수, 船首) 쪽은 물을 이고 가니 뱃전에 물살이 부딪혀서 잠을 자기에는 좋지 않았을 것이다. 고물(선미, 船尾) 쪽은 배가 지나가며 물이 고이니 안정되어 잠을 자기에 좋았을 것이다. 배에서 주무시는 예수님의 낮잠 솜씨가 보통이 아니었음을 알 수 있다. 예수님은 배에서 잠을 잘 때는 어디에서 잠들면 좋은지 잘 알고 계셨다. 얼마나 피곤하셨던지 풍랑이 일어서 배에 물이 가득했고 위태로웠다고 하는데도 예수님은 잠에서 깨지 않으셨다. 제자들이 죽겠다고 하소연하면서 흔들어 깨울 때에야 예수님이 깨어나셨다.

잠에서 깬 예수님이 바람과 물결을 꾸짖으셨다. 그런데 예수님이 허풍을 떨면서 바람과 바다를 야단치는 척했던 것이 아니다. 예수님은 천지를 창조하신 하나님의 아들이시다. 삼위일체 하나님이 천지를 창조하실 때 말씀으로 존재하셨고, 그 모든 것을 함께 만드신 하나님이 예수님이었다. 그런 예수님의 꾸지람에 돌풍이 잔잔해졌다(눅 8:24). 그리고 예수님이 이번엔 제자들을 향해 폭풍같이 꾸짖으셨다. "너희 믿음이 어디 있느냐?"

예수님은 자신이 잠드신 동안 힘들게 배를 건사하느라 고생

했던 제자들을 위로하지도 않으셨다. 좀 진작 깨우지 그랬느냐고, 그러면 고생을 좀 덜 했을 것이라는 빈말도 하지 않으셨다. "너희가 어찌 믿음이 없느냐?"(막 4:40)라고 책망하셨다. 마태는 풍랑을 잠재우기 전에 예수님이 제자들에게 "믿음이 작은 자들아"(마 8:26)라고 야단을 쳤다고 기록한다. 아마도 예수님이 깨셔서 풍랑을 잠재우기 전과 후에 여러 차례 이런 말씀을 하셨던 것 같다. 우리도 화가 나면 반복해서 여러 번, 잔소리같이 말하지 않는가? 부모가 자녀들에게 그러기도 하고, 직장상사가 부하직원들에게 그렇게 횟수를 세지 않고 반복해서 말한다.

그러면 왜 제자들에게는 믿음이 없었을까? 이 중요한 상황에서 제자들은 비장의 무기인 '믿음'을 왜 꺼내들지 못했을까? 그렇게 누누이 반복해서 설명한 예수님의 강조사항이었는데 말이다. 이유가 무엇인가? 그 답은 다름 아닌 두려움 때문이었다.

배를 타고 가는데 배가 파선할 지경에 빠져서 죽겠다고 소리지르는 사람의 감정은 바로 두려움이다. "주여 주여 우리가 죽겠나이다"(눅 8:24). 그 차갑고 깊은 바다에 빠져 죽을까봐 두려웠던 것이다. 이런 두려움을 우리는 잘 알고 있다. 누가복음에는 예수님이 제자들을 꾸짖을 때 두려워하지 말라는 표현이 없다. 그런데 다른 복음서들에는 있다. 마태복음에서는 예수님이 이렇게 꾸짖으셨다고 기록한다. "어찌하여 무서워하느냐. 믿음이 작은 자들아"(마 8:26). 그리고 마가복음에서는 "어찌하여 이렇게 무서워하느냐. 너희가 어찌 믿음이 없느냐"(막 4:40)라고 꾸짖으셨다고 기록한다.

두려움은 왜 생기는가? 왜 믿음이 제대로 작용하지 못하게 하는가? 상대와 나를 비교할 때 내가 질 것 같다고 생각하니 두려움이 생기지 않는가? 그래서 걱정하게 되고 맞서기를 싫어한다. 배를 뒤집어엎을 것 같은 돌풍이 무섭지 않을 수 없다. 커다란 파도는 작은 배 하나쯤은 송두리째 집어삼킨다. 그렇게 파선한 배들이 수도 없이 많은 것을 제자들은 알고 있었다. 그러니 두려웠다. 우리가 제자들이 겪은 이 두려움을 너무 쉽게 생각하면 안 된다. 우리도 제자들과 비슷한 상황에 처하면 틀림없이 두려워할 것이기 때문이다.

그런데 우리는 이 상황에서 또 하나의 두려움에 주목해야 한다. 예수님이 바람과 바다를 꾸짖어 잔잔해졌을 때 예수님에게 책망을 들은 제자들은 어떤 반응을 보였다고 하는가? 제자들이 두려워하고 놀랍게 여겼다고 한다(눅 8:25). 목숨을 잃을까봐 두려워해서 예수님에게 욕을 바가지로 얻어먹었는데 또 그 예수님을 두려워했다고 한다. 이번의 두려움은 어떤 두려움인가? 바로 예수님이 자기들을 두려워 떨게 만들었던 풍랑을 잠재우시는 것을 보고 놀라움과 더불어 느낀 감정이 두려움이었다. 해발 100여m 아래에 위치한 갈릴리 호수 주변에는 높은 산들이 많아서 해발 2,814m인 헐몬산도 있다. 그곳의 찬 공기와 아래의 따뜻한 공기가 대류 흐름과 함께 작용해서 갈릴리 호수에 간혹 돌풍이 몰아친다. 지금도 갈릴리 호수에 심한 돌풍이 불어 닥치면 바다가 끓는 것 같다고 한다. 그런데 그렇게 미쳐 날뛰던 바다가 잠잠해졌으니 어떻게 두렵지 않았겠는가?

예수님은 이렇게 자연을 지배하고 계신 것이다. 어디 자연뿐인가? 호수 건너편 거라사인의 땅에 이르렀을 때 그곳에 귀신 들린 한 사람이 있었다. 이름이 뭐냐 물으니 '군대'라고 대답할 정도로 많은 귀신이 들린 사람이었다. 쇠사슬에 묶어 놓아도 끊고 도망가며 귀신에 사로잡혀서 사람 노릇을 제대로 못하는 사람이었다. 예수님은 바로 그 사람 속에 들어갔던 귀신을 쫓아내셨다. 예수님은 귀신의 세계도 지배하고 계신 분이다(눅 8:26-39). 그뿐인가? 예수님은 12년 동안이나 혈루증으로 고통받는 여인의 병을 고쳐주셨다. 질병도 지배하고 계신 분이 예수님이시다. 그리고 회당장 야이로의 딸, 그것도 외동딸인 그 아이가 죽었는데 그 아이를 예수님이 살려주셨다(눅 8:40-56). 예수님은 인간의 질병뿐만 아니라 인간의 죽음도 지배하시는 분이다. 이 세상에 예수님과 같은 존재가 어디 있는가?

생각해보면 이 세상에는 우리를 두렵게 하는 것이 많다. 자연이 두렵다. 지진도, 태풍도, 추위도, 더위도 공포의 대상이다. 귀신도 두렵다. 공중의 권세 잡은 악한 영이 세상을 지배하기 위해 온갖 못된 문화와 돈의 힘으로 악한 영향력을 발산하고 있다. 질병도 두렵다. 건강한 사람이 병으로 약해진다. 나이가 들다 보면 점점 연약해진다. 청년의 젊음도 영원히 계속되지 않고 젊다고 해서 다 건강한 것도 아니다. 또한 요즘에는 자유로웠던 영혼들이 중독 증세에 빠져서 고생한다. 인간의 탐욕과 못된 습관이 만든 사탄의 흉계에 빠져 있으니 안타깝다.

죽음도 두렵다. 사람들은 죽을까봐 노심초사한다. 또한 인기가 떨어질까 두려워서 빛나던 스타들이 긴 꼬리를 남기며 떨어지는 유성처럼 추락한다. 정치인들이, 복음을 전하던 유명한 설교자들이 세상의 웃음거리가 되고 수치를 당한다. 은행도 파산하고 수많은 사람들에게 피해를 준다. 창립한 지 수십 년이 된 기업들도 파산한다. 주가가 폭락하고 재벌들이 밑바닥으로 곤두박질치는 일도 있다. 신실하던 사람들이 믿음을 잃고 마는 안타까운 경우도 있다. 육체적인 죽음만이 아니라 여러 형태의 죽음이 우리를 두렵게 한다.

그러나 우리는 우리가 겪는 수많은 문제보다 크신 하나님을 꼭 기억해야 한다. 유한한 나의 생각에 몰두하면 앞이 보이지 않는다. 앞으로 몇 년이 아니라 고작 한 달 앞도 예측하기 힘든 나의 알량한 계획과 보잘것없는 나의 경험보다 하나님을 기억해야 한다. 내가 가진 문제보다 크신 분이 하나님이시라는 점을 수시로 되뇌어야 한다. 바로 이런 하나님, 정말 두려운 존재인 분을 제대로 모르는 것이 바로 믿음이 없는 상태이다. 예수님이 세상의 창조자이자 주관자이심을 믿고 주님만 의지할 수 있어야 하는데 제자들이 그렇게 하지 못했다.

죽게 하시면 잘 죽고,
살게 하시면 하나님께 영광을

제자들이 "호수 저편으로 건너가자"라는 예수님의 말씀을 듣고 일상적인 뱃길 여행을 떠났을 때 큰 풍랑을 만났다. 그런데 인생을 살아가는 누구에게나 이런 형태의 어려움이 다가온다. 사람만이 아니라 기업, 교회, 국가, 그리고 이 세계에도 어느 날 갑자기 위기가 찾아온다. 이런 위기가 있으면 둘 중에 하나다. 우리는 위기를 맞았을 때 두 가지 가능한 선택지가 있음을 믿음으로 수용해야 한다. 위기의 때에 하나님은 우리 자신, 혹은 우리의 기업과 교회와 국가에 두 가지 중 하나를 허락하신다. 죽이시거나, 아니면 살리시거나! 둘 중 하나의 필연적인 선택이다.

만약 위기를 통해 우리를 죽게 하신다면 어떻게 해야 할까? 한마디로 말하면 하나님이 죽이시면 잘 죽어야 한다! 하나님이 주신 인생을 살아가다가 죽어야 할 때라면 잘 죽어야 하는 것이 중요하다. '웰빙'도 중요하지만 '웰다잉'도 중요하다. 하나님은 간혹 사고나 재난, 특별한 고통을 통해 우리를 부르기도 하신다. 그때는 하나님의 섭리에 반응하고 제대로 응답해야 한다.

우리가 죽어야 하는 상황이라면, 다시 말해 하나님이 나를 천국으로 부르시면, 우리의 공동체나 조직이 이제 수명이 다했다면 잘 죽고 멋지게 그만둘 수 있는 믿음을 가져야 한다. 영화 〈타이타닉〉에서 배가 가라앉는 상황에도 악기를 연주했던 연주자들을 사람들이 오래 기억한다. 바로 그런 자세이다. 위기의 순간에 우리가 어떻게 잘 죽는 모습을 보일 수 있을지 생각하고 시뮬레이션을 해보면서 준비해도 좋다.

감리교의 창시자 요한 웨슬리가 서른두 살이던 1735년 10월, 당시 영국 식민지였던 미국에 선교를 하기 위해 배를 타고 떠났다. 8주간의 긴 대서양 항해에서 때때로 풍랑을 만나 죽을 것 같은 두려움에 빠지곤 했다. 그런데 함께 배를 타고 가던 모라비안 교도들은 두려워하지 않았다. 모라비안 공동체는 친첸도르프 백작을 중심으로 한 경건운동의 한 종파인데, 특히 직업선교를 통해 전 세계 여러 곳을 복음화한 사람들이었다.

그 모라비안 교도들이 항해하는 배에서 저녁 7시에 여는 집회에 웨슬리 목사가 참석했다. 예배를 시작하려고 하는데 커다란 파도가 중앙의 가장 큰 돛대를 때려서 산산조각 냈고, 갑판 위는 물바다가 되었다. 그때 영국인들의 선실에서는 난리가 났다. 그런데 그곳에 있던 모라비안 교도들은 전혀 두려워하지 않고 의연하게 예배를 드렸다. 웨슬리 목사가 궁금해서 두렵지 않느냐고 물었더니 그들이 무섭지 않다고 대답을 했다. 여인들이나 아이들은 무서워하지 않느냐고 했더니 자기들은 여인이나 아이들도 죽음을 두려워하지 않는다고 대답했다.

나중에 웨슬리 목사가 항해하면서 겪었던 그 모라비안 교도들의 모습을 돌아보며 생각해보았다. 그들은 배 안에서 보수를 받는 것도 아니면서 허드렛일을 도와주며 정말 겸손하게 행동하는 사람들이었다고 한다. 영국인들에게서는 찾아볼 수 없는 모습이었다는 것이다. 나중에 미국에 가서도 요한 웨슬리는 모라비안 공동체의 목사였던 스판겐베르그 같은 사람들에게 많은 영적 교훈을 받았다. 그 후 1738년 5월 24일 오후 9시 15분, 올더스케이트의 모라비아 교도들의 집회에서 서른다섯 살의 웨슬리는 루터의 로마서 주석을 읽고 있다가 마음이 뜨거워지면서 그리스도만을 자신의 구주로 믿고 의지하는 회심을 경험했다.

웨슬리의 회심 경험에 모라비안 교도들의 죽음도 두려워하지 않는 믿음이 큰 역할을 했음을 알 수 있다. 우리도 살아가면서 죽음의 순간에 대한 자세를 연습해야 한다. 하나님이 얼마든지 우리를 위기의 순간을 통해 부르실 수 있다. 주님이 부르실 것으로 알고 준비해서 대응했는데 혹시 살려주시더라도 그 경험이 나머지 인생을 살아가는 데 유익한 경험이 될 것이 틀림없다.

다음으로 생각할 것은 위기를 주셨지만 개인이나 조직, 또는 공동체를 죽게 하시는 것이 아니라 살려주신다면 어떻게 해야 할까? 위기를 극복하여 살아나게 하시면 우리는 그 사실을 '간 증'할 수 있다. 하나님께 영광을 돌리는 것이다. 간증 강사들의 이야기를 들어보면 거의 예외 없이 어려움을 겪었고, 그 어려움을 극복한 내용이 빠지지 않는다.

하나님은 우리에게 많은 위기를 허락하시지만 불러가기 위해 위기를 주시는 경우가 그리 많지는 않다. 예수님이 제자들을 죽게 하려고 풍랑이 몰아칠 바다로 항해하자고 하신 것이 아니었다. 예수님은 분명히 "호수 저편으로 건너가자"(눅 8:22)고 말씀하셨다. 함께 건너가자고 하셨으니 예수님과 제자들은 안 죽고 호수를 건너갈 것이었다. 예수님의 말씀을 확신했다면 제자들은 두려워하지 않을 수 있었을 것이다. 제자들이 그때 겪을 위기를 통해 죽지는 않을 것이 분명했다.

그런데 제자들은 왜 죽을까봐 두려웠는가? 주님의 말씀에 대한 확신이 없었기 때문이다. 예수님의 말씀에 대한 확신이 있었던 백부장은 달랐지 않은가? 내 집에 들어오지 마시고 말씀만 하사 종을 낫게 해달라고 부탁했다. 이렇게 예수님의 말씀에 대한 확신이 있었기에 백부장은 예수님에게 칭찬을 들었다. "이스라엘 중에서도 이만한 믿음은 만나보지 못하였노라!"(눅 7:9).

그러니 위기의 순간에, 심지어 죽음을 앞에 두고 있더라도 우리는 당연히 먼저 기도해야 한다. 히스기야 왕도 병이 들었을 때 죽을 준비를 하라는 이사야 선지자의 통보를 받았다. "너는 집을 정리하라. 네가 죽고 살지 못하리라." 하나님의 뜻이었다. 히스기야 왕이 이 인생의 위기의 순간에 얼굴을 벽으로 향하고 하나님께 기도했다. "여호와여 구하오니 내가 진실과 전심으로 주 앞에 행하며 주께서 보시기에 선하게 행한 것을 기억하옵소서"(왕하 20:3).

히스기야가 심히 통곡했다고 한다. 이런 심정이었을 것이다. 죽고 살지 못할 것이라는 하나님의 말씀에는 동의할 수 있는데 집을 정리하고 죽으라는 말씀은 수긍할 수 없었다. 집이 정리가 안 되었기 때문이다. 유산 분배가 안 된 것이 아니었다. 왕인 자신이 죽으면 승계할 왕자가 없었다. 그러니 어떻게 죽을 수가 있었겠는가? 히스기야의 기도가 간절했던 이유에 우리는 충분히 공감할 수 있다.

히스기야는 하나님의 언약에 근거해서 기도했다. 사무엘하 7장에 보면 하나님이 나단 선지자를 통해서 다윗 왕가에 대한 하나님의 언약을 말씀하셨다. "네 집과 네 나라가 내 앞에서 영원히 보전되고 네 왕위가 영원히 견고하리라"(삼하 7:16). 그런데 하나님께서 자식 없이 히스기야를 죽게 하신다면 다윗에게 하신 언약이 무색해지는 것이었다. 그래서 히스기야는 하나님의 언약에 근거해서 기도했다.

하나님이 짧았으나 간절한 히스기야의 기도에 응답하실 수밖에 없었다고 말해도 좋겠다. 이사야 선지자가 왕궁에서 나가 성읍에 들어가기도 전에 하나님이 다시 히스기야에게 돌려보내셨다. 그래서 히스기야의 병을 치유해주시고 15년을 더 살게 해주셨다. 그렇게 해서 히스기야는 결국 자기 집을 정리할 기회를 얻게 되었다. 그렇게 더 주어진 생애를 마치고 15년 후에 히스기야가 세상을 떠났고, 므낫세가 왕위에 올랐다. 므낫세가 왕이 될 때 나이가 12세였다(왕하 21:1). 뭘 말해주는가? 히스기야 왕이 통곡하며 기도해서 더 부여받은 15년의 생애 동안에 왕위를 이을 아들 므낫세를 낳았던 것이다. 그렇게 히스기야가 자신의 집을 정리하고 세상을 떠날 수 있었다.

우리도 '이제 죽음이구나!' '이제 마감해야 하는구나!'라는 상황이 되었을 때 하나님께 간절히 기도할 수 있다. 그러면 하나님이 우리를 살려주실 수 있다. 하나님의 새로운 뜻이 있을 수 있다. 우리는 인생의 위기의 순간에 포기하지 않고 극복하기를 바라시는 하나님의 뜻을 잘 읽어야 한다. 금방 죽을 중병에 걸렸던 히스기야 왕처럼 무화과 반죽을 붙여 사흘 만에 병이 완치되는 기적이 일어날 수 있다. 우리도 하나님의 은혜로 이렇게 위기를 극복하면 히스기야 왕처럼 하나님을 찬양하며 멋지게 간증할 수 있다.

풍랑 속에서도 두려워하지 않았던
제자가 있는가?

제자들의 풍랑 만난 이야기의 핵심 화두는 바로 '두려움'이다. 두려움을 극복하는 것이 믿음이고 예수님이 원하시는 바였다. 이 과정에서 특히 누가복음을 쓴 누가의 독특한 신학적 강조점을 살펴보면 일하는 제자의 믿음에 관한 교훈을 얻을 수 있다.

복음서에 기록된 제자들의 풍랑 만난 기사는 두 가지 종류이다. 누가복음에 나오는 예수님과 함께 배를 타고 가다가 풍랑 만난 이야기(눅 8:22-25)가 하나이다. 마태복음(8:23-27)과 마가복음(4:35-41)의 병행구절이 동일한 사건을 기록하고 있다. 그리고 또 하나의 풍랑 만난 이야기는 오병이어 이적 후에 예수님은 배에 타지 않으시고 제자들만 바닷길로 보내신 사건이 있다. 새벽에 예수님이 물 위로 걸어오셨고, 베드로가 물 위를 걷다가 빠진 바로 그 사건이다. 그것이 마태복음(14:22-33)과 마가복음(6:45-52), 그리고 요한복음(6:15-21)에도 기록되어 있다. 그런데 누가복음에는 이 기록이 없다. 누가복음에도 오병이어 이적 사건이 9장(10-17절)에 나오는데 그 사건 후에 예수님이 물 위를 걸어오신 사건에 대한 풍랑 기사가 없는 것이다.

왜 누가만 이 기사를 뺐을까? 다른 공관복음의 저자들인 마태와 마가는 두 가지 풍랑 사건들을 다 기록하고 있다. 누가는 복음서를 쓸 때 모든 일을 근원부터 자세히 미루어 살폈다고 한다. 수신자인 데오빌로 각하에게 차례대로 써 보낸다고 했다(눅 1:3). 그런데 왜 이 사건은 빠뜨렸을까? 실수로 빠뜨린 것은 아니고 아마도 의도가 있었을 것이다. 누가복음은 복음 사역의 후편인 사도행전을 염두에 두고 기사들을 배치한 흔적을 볼 수 있다. 사도행전에서 다룰 수 있는 이야기는 누가복음에서 생략하고 건너뛰었을 수도 있다. 어차피 한정된 지면에 예수님의 생애에 관한 모든 사건을 다 기록할 수도 없는 것이고, 지면을 낭비하면 안 되기에 의도를 가지고 복음서를 기록했을 것이다. 누가의 신학적인 안목이 반영된 편집의 묘미이다. 누가복음에서는 예수님이 타지 않은 배에서 벌어진 풍랑 사건을 기록하지 않았지만 누가는 사도행전에 그와 비슷한 사건 하나를 기록했다. 물론 이 사건은 다른 복음서들에는 기록되었을 리 없는 사건이다.

죄수 신분으로 로마로 호송되어가는 배를 타고 가다가 유라굴로 광풍을 만났던 사도 바울의 경험이 그것이다(행 27장). 그 풍랑 사건에서 또 다른 제자이자 텐트메이커로 일하는 제자이기도 했던 사도 바울이 어떤 역할을 하는지 확인해볼 수 있다. 예수님의 승천 후 교회의 역사를 기록한 사도행전의 집필도 염두에 두고 있었을 누가는 예수님이 유령처럼 물 위를 걸어오시던 사건에 대한 대안으로 바울의 폭풍 속 대처와 믿음을 제시하고 있다. 예수님을 따르는 제자 공동체가 세상에서 풍랑을 극복하는 구체적인 대안으로 바울의 사례를 제안하고 있는 것이다.

그러면 예수님이 함께 계시지 않는 배에서 사도 바울은 어떻게 행동했는가? 바울은 예수님의 제자들처럼 두려워하지 않았다. 오히려 바울은 배 안에서 두려워 떠는 사람들을 안심시켰다. 그들과 함께 두려워하며 부화뇌동하지 않았다. "이제는 안심하라. 너희 중 아무도 생명에는 아무런 손상이 없겠고 오직 배뿐이리라"(행 27:22). "여러분이여 안심하라. 나는 내게 말씀하신 그대로 되리라고 하나님을 믿노라"(행 27:25). 두려워하는 대신 오히려 배 안에 있던 사람들을 위로하고 그들을 인도할 수 있었던 바울의 내공은 어디서 나온 것인가? 하나님의 사자가 하나님께서 함께하신다는 메시지로 확신을 주었다. "바울아 두려워하지 말라. 네가 가이사 앞에 서야 하겠고 또 하나님께서 너와 함께 항해하는 자를 다 네게 주셨다"(행 27:24). 바울은 이 사실을 분명히 믿고 있었다. "나는 내게 말씀하신 그대로 되리라고 하나님을 믿노라."

우리는 험한 세상을 살아가면서 풍랑에 위협받고 위기 국면에 처했을 때 바울과 같이 처신해야 한다. 안 보이는 것 같지만 주님이 우리와 함께하심을 확신해야 한다. 위기의 순간에 하나님의 말씀에 근거해서 사람들을 오히려 안심시키고 풍랑을 헤쳐 나가야 한다. 오늘도 거센 풍랑이 우리 앞에 있다. 앞으로도 얼마나 더 큰 격랑이 우리 앞에 다가올지 모른다. 우리가 잊지 말아야 할 것은 우리가 겪는 풍랑보다 우리의 예수님이 더 크신 분이라는 사실이다. 예수님은 어떤 큰 풍랑도 잠재우시는 분이다. 우리가 두려워하는 질병과 귀신과 죽음도 지배하시는 분이 바로 우리 예수님이시다. 그분을 의지하면서, 그분의 말씀에 집중하면서 우리는 풍랑을 헤쳐 나갈 수 있다. 일하는 제자로 살아가면서 수시로 겪는 풍랑 속에서도 예수님만 의지하며 칭찬받는 믿음을 소유할 수 있어야 한다.

꾸지람을 듣더라도
기도하는 믿음을 배우라

예수님과 함께 배를 타고 가던 제자들이 풍랑을 만났을 때 어떻게 잘해보려 했지만 두려워서 예수님을 깨웠다. 그때 예수님이 풍랑을 잠재우신 후 제자들에게 이렇게 꾸중하셨다. "너희 믿음이 어디 있느냐?"(눅 8:25). 제자들은 나름대로 자기가 꽤 믿음이 있다고 생각했을 텐데 파선의 위기 앞에서 그 알량한 믿음을 다 날리고 말았다! 믿음으로 제대로 훈련받기 위해서는 제자들과 함께 우리도 꾸중하시는 예수님의 음성을 잘 들어야 한다.

변화산에서 내려오신 예수님에게 한 귀신 들린 아들을 둔 아버지가 자기 아들을 고쳐달라고 소리지르며 매달렸다. 제자들은 고치지 못하더라고 아이 아버지가 푸념하자 예수님이 말씀하셨다. 이것 역시 예수님의 꾸중이셨다. "믿음이 없고 패역한 세대여 내가 얼마나 너희와 함께 있으며 너희에게 참으리요. 네 아들을 이리로 데리고 오라"(눅 9:41). 예수님이 호수 위 풍랑에 떠밀리는 배 위에서보다 더 많이 화가 나셨던 듯하다. 믿음에 관해 상당히 구체적으로 꾸중하고 계신다. 예수님이 직접 하신 말씀은 잘 분석해야 하지만 특히 꾸중하시는 말씀은 더 유념해서 묵상하고 분석하며 새겨들을 필요가 있다. 믿음에 관해서 말씀하시는 이 꾸지람을 살펴보면 우리가 추구해야 할 믿음에 대하여 배울 수 있다(눅 9:37-45). 이 믿음이 곧 제자의 삶을 실천하는 힘이고, 우리가 세상에서 일하며 살아가는 방식에도 큰 도움을 줄 것이다.

왜 예수님이 믿음 없고
패역한 세대라고 꾸짖으시는가?

한 산에 오르신 예수님이 모세와 엘리야를 만나 대화하신 일이 기록되었다(눅 9:28-36). 이 산에 대해 학자들은 보통 갈릴리 호수 북쪽 골란 고원 근처에 있는 헐몬산이라고 본다. 헐몬산은 여러 산봉우리가 있는 일종의 산맥이라고 하는데, 그중 한 산이었을 것이다. 이 사건을 '변화산 사건'이라고 말한다. 예수님이 그 산 위에서 용모가 변하고 옷이 희어지는 변모의 체험을 하신 것이다. 구약시대의 대표라고 할 수 있는 모세와 엘리야가 예수님과 함께 대화를 나누는 장면이다.

제자들은 가슴 벅찬 사건을 경험하며 아마도 밤을 새운 후에 산 밑으로 내려왔다. 그러자 산 아래에서는 난리가 나 있었다. 많은 사람들이 모여 있는데, 예수님과 함께 산에 갔던 베드로와 야고보, 요한을 제외한 아홉 명의 제자들이 곤혹스러운 일을 겪고 있었다. 그곳에는 한 아픈 아이를 데려온 아버지가 있었다. 다른 복음서들을 보면 간질을 앓고 있었고 귀신이 갑자기 소리 지르게 하며, 경련을 일으키고 거품을 흘리며, 불이나 물에도 넘어뜨렸다. 아이는 말도 제대로 하지 못했다. 아이의 아버지가 귀신 들린 아들이라고 표현하는 딱한 아이가 거기에 있었다. 그 아이를 제자들에게 데려와서 고쳐달라고 했더니 제자들이 못 고쳤다고 한다.

그런데 제자들은 이 사건이 있기 전에 예수님이 주신 능력으로 성공적으로 축귀사역을 했던 적이 있다(눅 9:1-6). 그때 귀신들을 제어하고 사람들의 병을 고치고 전도를 했던 경험이 있었다. 그런데 이미 경험 있던 제자들의 모든 노력이 다 허사였다. 베드로가 예수님을 "하나님의 그리스도"(눅 9:20)라고 고백한 것도 소용없었다. 세 명의 제자가 지난밤에 변화산에서 놀라운 경험을 한 그 '영적 체험'도 이 아이를 고칠 수 없었다.

예수님이 아이 아버지의 하소연을 듣고는 하신 말씀이 위에서도 살펴본 대로 대단한 꾸중이셨다. "믿음이 없고 패역한 세대여 내가 얼마나 너희와 함께 있으며 너희에게 참으리요"(눅 9:41). 저주에 가까웠다. "믿음이 적은 자들아!" "너희 믿음이 어디 있느냐?" 이런 정도의 꾸중은 간지러운 수준이었다.

믿음이 없다는 말씀은 믿음이 적은 것이 아니지 않은가! 아예 불신앙을 의미할 정도로 믿음에 대해 강력하게 꾸짖는 말씀이다. '패역하다'는 단어는 비뚤어지고 왜곡되며 굽어 있다는 뜻이다. 심술궂고 생떼를 쓰고 몽니를 부리는 것이다. 예수님이 아주 강한 뜻의 단어를 택해서 심하게 야단치셨다.

더구나 예수님은 이 꾸중을 제자들뿐만 아니라 '세대'(世代)에게 하시고 있다. "믿음이 없고 패역한 세대여!" 개인보다 폭넓은 여러 부류, 즉 계층의 사람들을 아울러 꾸짖으신다. 이 꾸지람을 들어야 하는 대상이 누구였을까? 제자들이 당연히 포함되었고, 바리새인과 사두개인도 포함된 무리가 해당되었을 것이다. 또한 "네 아들을 이리로 데리고 오라"고 말씀하시는 것으로 봐서 아픈 아이의 아버지도 포함되는 것 같다. 결국 예수님은 제자들을 포함한 전체 세대가 믿음 없고 패역했다고 꾸짖고 계신다. 이 꾸중을 피해 빠져나갈 사람들이 없다는 이야기이다.

참으로 심각한 상황이 아닐 수 없다. 우리도 예수님의 이 꾸지람에 집중하면서 정신을 차려야 한다. 오늘 우리 세대도 각성하고 심기일전해야 한다.

물론 예수님의 꾸중은 제자들과 사람들을 혼내는 것에만 목적이 있는 것은 아니다. 예수님은 꾸짖으면서도 아픈 아이를 고쳐주셨다. 아이를 고쳐주려고 꾸중을 하셨던 것이다. 아이를 데려오라고 하시니 아버지가 아들을 데려오는데, 마침 귀신이 아이를 거꾸러뜨리고 심한 경련을 일으키게 했다. 이 고통당하는 아이가 불쌍해서 어떻게 하면 좋겠는가? 그러나 예수님이 계시니 얼마나 감사한지 모른다! 밤새 제자들이 아이를 고친다며 손바닥 바람도 불려보고 주문도 외웠을까? 기도하고 안수해보고 때려보며 아마도 할 수 있는 모든 방법을 다 써보았을 것이다. 제자들도 진땀이 났겠지만 그 아픈 아이와 부모가 겪었을 고통을 상상해보라.

누가복음의 기자 누가가 간단하게 설명한다(눅 9:42). 예수님이 그 더러운 귀신을 꾸짖으셨다. 그래서 아이를 낫게 하셨다. 그리고 그 아버지에게 아이를 돌려주셨다. 할렐루야! 예수님이 이런 분이시다. 예수님은 귀신을 꾸짖어 쫓아내시고 사람을 온전하게 하시는 하나님이시다. 성육신하신 전능자 여호와이시다. 할렐루야!

전에 갈릴리 가버나움 회당에서도 예수님은 귀신 들린 사람에게 "잠잠하고 그 사람에게서 나오라"(눅 4:35)고 하면서 고쳐주신 적이 있다. 귀신뿐인가? 베드로의 장모가 열병에 걸렸을 때 그 열병을 꾸짖어 고치기도 하셨다(눅 4:39). 우리 예수님은 질병도 꾸짖으신다. 풍랑도 꾸짖으신다. 바람과 물결을 꾸짖으시니 풍랑이 그쳐 잔잔해졌다(눅 8:24).

이 사실은 무엇을 말해주는가? 예수님이 주인이시라는 것이다. 주인이니 꾸짖을 수 있다. 주인이 아니면서도 주인 행세하는 사람들이 주로 목소리를 높이고 사람들을 향해 험한 말과 행동을 쏟아놓는다. 예수님이 이렇게 귀신도, 질병도, 자연세계의 위험상황에 대해서도 꾸짖어 제압하신 것이 어떤 뜻인지 생각해보라. 온 우주와 피조세계의 주인이 예수님임을 보여준다. 예수님은 주인도 아닌 사람이 주인 행세를 하며 엉뚱하게 갑질하듯이 행동하신 것이 아니다. 실제로 온 우주의 주인이니 풍랑을 꾸짖어서 잠잠하게 하셨다. 주인이 아닌 사람도 꾸중의 말을 할 수 있다. 그러나 듣는 쪽에서는 픽픽 웃는다. 실제의 주인만 꾸짖어서 주인임을 입증할 수 있다.

제자들을 꾸짖으셨던 예수님이 이번에도 귀신을 꾸짖어 아이를 살리셨다(눅 9:42). 그리고 예루살렘을 향해 가는 십자가 길의 여정에서 야고보와 요한을 또 꾸짖으셨다. 예수님을 받아들이지 않는 사마리아인의 마을 사람들에게 불을 내려 멸하라고 요구하는 두 제자를 꾸짖으셨다(눅 9:55). 제자들도 꾸지람을 참 많이 들었다. 예수님이 오늘 우리도 꾸짖으신다. 무엇을 꾸짖으실까? 착각하지 말라고 꾸짖으신다.

산 위의 제자들과 산 아래의 제자들
: 왕년병, 착각하지 마라!

변화산 사건 때 예수님이 데려갔던 제자들은 세 명으로 베드로와 요한과 야고보였다(9:28). 예수님은 이 제자들을 여러 차례 데리고 다니셨다. 그런데 이 사람들이 최근에 회당장 야이로의 딸을 살리실 때도 예수님과 함께 그 현장에 있었다. "예수께서 들으시고 이르시되 두려워하지 말고 믿기만 하라. 그리하면 딸이 구원을 얻으리라 하시고 그 집에 이르러 베드로와 요한과 야고보와 아이의 부모 외에는 함께 들어가기를 허락하지 아니하시니라"(눅 8:50-51).

세 명의 제자는 야이로의 집에서 예수님이 죽음을 극복하시는 장면을 지켜보았다. "아이야 일어나라"고 하시니 아이의 영이 돌아왔다(눅 8:54-55). 이 장면을 지켜본 세 제자가 변화산에서 예수님의 변모(變貌)하시는 너무도 찬란한 모습을 보았다. 그곳에 모세와 엘리야가 왔고, 옷이 희어져 광채가 나며, 예수님의 용모가 달라졌다. 영광스러운 모습으로 세 사람이 대화하는 모습을 지켜보았다. 제자들은 그 영광스러운 현장에 계속 머물고 싶었다.

그러나 그것이 제자들의 착각이었다. 죽은 사람을 살려내고 천국의 찬란한 영광을 미리 경험하는 일만 경험하면 되는 것이 아니었다. 반드시 전제되는 일이 있어야 하는 것을 제자들이 몰랐다. 그것은 바로 예수 그리스도의 죽음이었다. 이것을 세 제자가 놓치고 있었다.

예수님은 특히 변화산 사건 전후에 제자들에게 특별히 가르쳐주고 싶은 사실이 있었다. 지금까지 제자들과 있으면서 한 번도 하지 않은 말씀을 하셨다. "이르시되 인자가 많은 고난을 받고 장로들과 대제사장들과 서기관들에게 버린 바 되어 죽임을 당하고 제삼일에 살아나야 하리라 하시고"(눅 9:22). 바로 예수님이 겪어야 할 십자가 죽음을 말씀하신 것이다. "아무든지 나를 따라오려거든 자기를 부인하고 날마다 제 십자가를 지고 나를 따를 것이니라. 누구든지 제 목숨을 구원하고자 하면 잃을 것이요 누구든지 나를 위하여 제 목숨을 잃으면 구원하리라"(눅 9:23-24).

또한 변화산에서 내려와 귀신 들린 아이를 고쳐주신 후에 "이 말을 너희 귀에 담아 두라. 인자가 장차 사람들의 손에 넘겨지리라"(눅 9:44)고 하시며, 예수님이 유대인들의 손에 잡혀 십자가 형벌을 당해 죽으실 것을 유념하라고 말씀하셨다. 바로 예수님의 '십자가 죽음'을 이렇게 변화산 사건 전후에 알리셨다.

또한 변화산에서 있었던 3자회동의 '안건'이 무엇인지도 살펴봐야 한다. "영광 중에 나타나서 장차 예수께서 예루살렘에서 별세하실 것을 말할새"(눅 9:31). 그 특별한 회동의 안건은 바로 '별세'(別世)였다. 이 단어도 특별한 의미가 있다. 이 단어는 헬라어로 번역하면 구약의 두 번째 책인 '출애굽기'와 같은 단어이다. 문자적인 뜻이 '떠남' 혹은 '나감'(exodus)이다. 탈출을 의미하는 단어이다. 모세의 출애굽이 연상되는 단어이다. 또한 이 것은 예수님이 세상을 떠나는 모습을 연상시킨다. "내가 아버지에게서 나와 세상에 왔고 다시 세상을 떠나 아버지께로 가노라"(요 16:28)고 하신 예수님의 주도적인 성육신과 세상으로부터 승천하심을 의미한다. 변화산에 있던 또 한 사람이 엘리야였던 것은 바로 이렇게 예수님이 승천하시는 것을 말하는 것이 아닐까 생각해볼 수 있다. 세상에서 죽지 않고 회오리바람 타고 올라간 사람이 바로 엘리야 아니었는가?

변화산에서 논의된 주제인 '별세'는 예수님이 십자가 사역으로 세상을 구원하여 하나님의 손에 올려드리는 바로 그 역사를 잘 보여주고 있다. 이것을 예수님은 제자들에게 가르쳐주려고 하셨다. 예수님은 제자들이 자신과 함께 있는 동안에 바로 이것을 배우기를 원하셨다. 결국 산 아래에서 그 귀신 들린 아이를 고치는 일은 휘황찬란한 변화산의 경험을 통해 가능한 것이 아니었다. 과거에 죽은 아이를 살린 그 경험으로 가능한 것도 아니었다. 바로 하나님의 아들이 죽음으로 희생하는 십자가를 통해서만 가능하다는 사실을 보여주신 것이다. 예수님이 십자가에서 고난과 죽음의 길을 기꺼이 가셨기에 아이의 치유도 가능했다. 십자가에서 보혈을 흘리신 바로 그 구원주 예수님이 꾸짖으시니 귀신이 쫓겨나갈 수 있었던 것이다.

이제 제자들은 더 이상 산 위에 머물지 말고 산 아래로 내려가야 하는 상황이었다. 그런데 베드로는 그곳이 좋다고 거기에 계속 머물겠다고 했다(마 17:4). 경치 좋은 곳에 방갈로를 지어 놓고 좋은 시간 좀 계속 보내자고 했던 것인가? 이것이 문제였다. 사실 우리가 산에 꼭 올라야 하는 것은 틀림없다. 산의 경험이 필요하다. 그런데 그 산에서 우리의 인생을 살 수는 없다. 산의 경험은 꼭 필요하지만 산에서 내려오는 것은 지상명령이다. 필수사항이다. 반드시 내려와야 한다. 산이 부를 때 달려가지만 골짜기에서 소리가 들리면 산에 더 이상 머물러 있으면 안 된다. 어떤 소리가 산 아래의 골짜기에서 들려오는가? 아우성이 들리지 않는가? 고통에 가득 찬 울음소리와 비명이 들리지 않는가? 귀 기울여 듣지 않으면 잘 들리지 않는 절망의 소리도 잘 들을 수 있어야 한다. 인생이 절망스럽다고 도움을 요청하는 그 안타까운 소리를 들을 수 있어야 한다. 마냥 달라고만 하는 요구 조건이 넘치는 그 소리도 놓치지 말아야 한다.

세 제자는 산 위의 변화산 경험에서 절망의 골짜기로 떨어졌다. 그런데 그렇게 되는 것이 정상이다. 그래야만 한다. 산 위에만 머물러 있지 말고 무엇이 필요한지 잘 살펴서 반드시 산 아래로 내려가야 한다. 산 아래에서는 예수님의 변화산의 그 찬란한 영광이 더 이상 필요하지 않았다. 그럼 무엇이 필요했는가? 귀신 들려 극한 상황에까지 몰리는 한 불쌍한 아이가 그곳에 있었다. 그 아이의 치유를 위해 필요한 것은 바로 예수님의 십자가였다. 이 십자가가 무엇인가? 하나님의 아들 예수님이 죽어서 사람들을 살리는 바로 그 구원의 은혜가 필요했던 것이다.

예수님과 함께 있으면서
기도하는 믿음을 배우라

우리가 꾸중하시는 예수님 말씀을 제대로 듣고 정신 차리기 위해서는 결국 구원의 본질인 십자가가 필요하다. 그런데 그 사실을 제대로 깨닫기 위해서는 예수님의 꾸중에 집중해야 한다. 믿음이 없고 패역한 세대라고 하시면서 예수님이 이렇게 탄식하신다. "내가 얼마나 너희와 함께 있으며 너희에게 참으리요?" 그러니 이 말씀 속에 해답이 있다. 제자들이나 이세대 사람들이 믿음 있고 패역하지 않게 되려면 예수님이 함께 있어 주고 참아주시면 되는 것이다. '함께 있으면서 참아주는 것', 이것이 무엇인가? 바로 '제자훈련'이다. 제자훈련의 핵심은 스승과 함께 있는 것이다. 제자들에게 바로 그 제자훈련이 필요했다.

이미 제자들은 경험했다. "또 산에 오르사 자기가 원하는 자들을 부르시니 나아온지라. 이에 열둘을 세우셨으니 이는 자기와 함께 있게 하시고 또 보내사 전도도 하며 귀신을 내쫓는 권능도 가지게 하려 하심이러라"(막 3:13-15). '자기와 함께 있게 하시는 것', 이것이 제자훈련 강령의 1장이다. 함께 있으면서 무엇을 하는가? 훈련시키는 것이다. 양육하는 것이다. 참아주고 기다려준 후에 보내어 제자의 일을 하게 하신다. 예수님은 그렇게 제자들이 복음사역을 감당하게 하신다.

제자들은 귀신 쫓아내는 일을 얼마 전에는 했으면서도 그때는 못했다. 그렇기 때문에 제자훈련은 한 번으로 끝나는 일이 아니라 계속해야 한다. 훈련을 했는데 안 되면 더 오래 함께 있으면서 훈련하면 된다. 함께 있으면서 구체적으로 무엇을 하는가? 함께 먹고 자고 여행하고 말씀도 듣고 기도도 한다. 또 야단도 맞고 욕도 먹어야 한다. 그래야 진짜 훈련이라고 할 수 있다. 그것이 바로 함께하는 것이다. 지금까지 했는데 못하니 말짱 도루묵이라고 포기하면 안 된다. 포기하지 말고 계속해야 한다. 할 수 있을 때까지 해야 한다. 될 때까지 해야 한다. 이것이 우리의 신앙훈련 과정이다.

극지방에 사는 에스키모인들은 가족의 생계를 위해 물개를 잡는 사냥을 할 때 실패가 거의 없다고 한다. 얼음에 구멍을 뚫고 물개가 지나기를 기다리는데 한 시간이고 두 시간이고 계속 기다린다. 물개가 얼음 구멍 아래로 지나갈 때까지 계속 기다리니 사냥에 실패하는 경우는 거의 없다. 아메리카의 한 인디언 종족이 지내는 기우제도 지금껏 실패한 적이 없다고 하지 않는가? 기우제를 지내기 시작하면 비가 올 때까지 계속하니 실패한 기우제가 없었다는 것이다. 예수님과 함께 있으면서 바로 이런 제자의 인내를 배워야 한다. 될 때까지 훈련하는 것이다. 예수님의 심한 꾸지람 속에 이렇게 바람직한 제자훈련의 해답을 담아 놓으셨다.

예수님은 이렇게 십자가를 통한 구원사역이 필요함을 강조하신다. 제자들과 함께 있고 인내해야 믿음을 가질 수 있다고 하신다. 예수님이 제자들에게 직접 해주고 싶으신 교훈이 있었다. 그걸 한 번 찾아보면 우리는 믿음이 없고 패역한 세대라는 꾸중을 듣지 않을 수 있을 것이다.

제자들에게는 전에 귀신을 쫓아냈던 경험이나 변화산의 황홀한 경험을 우려먹는 병이 있었다. 바로 '왕년병'이다. 이 병을 치료해야 했다. 치료약은 무엇일까? 바로 '기도'이다. 누가복음의 저자 누가는 기도를 많이 강조하고 있다. "예수께서 따로 기도하실 때에 제자들이 주와 함께 있더니 물어 이르시되 무리가 나를 누구라고 하느냐"(눅 9:18). 내가 누구냐고 질문하며 중요한 가르침을 주시던 모임은 바로 기도 모임이었다. "이 말씀을 하신 후 팔 일쯤 되어 예수께서 베드로와 요한과 야고보를 데리고 기도하시러 산에 올라가사"(눅 9:28). 변화산에 예수님이 올라가신 목적은 기도하시러 가신 것이라고 기록한다. 예수님이 변화산에서 기도하실 때 변모가 일어났다.

이렇게 예수님의 공생애에서 십자가 죽음과 부활을 처음으로 예고하시면서 예수님은 기도를 의도적으로 하셨다. 왜 이렇게 기도를 강조하셨는가? 기도의 본질을 제자들에게 가르치시기 위함이었다. 기도는 1차적인 본질이 이것이다. "제가 아니라 하나님이 하십니다!" 이런 고백이 기도의 핵심적인 교훈이다. '내가 하겠다!'고 생각하는 사람은 기도하지 않는다. "하나님만 하신다!"고 고백하는 사람이 기도할 수 있다.

예수님이 이 사건을 통해 가르치신 기도의 교훈에 강한 임팩트로 교훈을 받은 사람이 바로 베드로이다. 베드로의 구술(口述)이라고 알려진 마가복음에서 베드로는 변화산에 관한 자신의 인상 깊은 경험을 기록하고 있다. 누가복음이나 마태복음의 변화산 사건의 마가복음 병행 구절은 분량이 두 배나 된다. 마가복음은 이 사건에 대한 '강평회'를 기록하기 때문이다.

제자들이 조용히 왜 자신들은 귀신을 쫓아내지 못했는지 예수님에게 질문했다. 예수님이 이렇게 말씀하셨다. "기도 외에 다른 것으로는 이런 종류가 나갈 수 없느니라"(막 9:29). 바로 이 '기도'가 하나님을 일하시게 한다. 제자들은 예수님에게 이 것을 배워야 했다. 이렇게 기도가 중요하니 예수님도 기도하셨다. 제자들을 데리고 다니면서 기도모임을 하셨던 이유를 알 수 있다. 하나님께 기도해서 귀신을 쫓아내셨다. 그런 기도를 예수님이 제자들에게 수시로 보여주셨다. 그렇게 하여 제자들이 기도하도록 가르치셨던 것이다. 예수님은 제자들과 함께 있으면서 바로 이 기도의 중요성을 배우게 하고 싶으셨다.

누가는 생략하지만 마태도 이 변화산 사건 후에 있었던 강평회를 기록한다. 제자들이 왜 우리는 귀신을 쫓아내지 못했느냐고 질문을 드리니 예수님이 이렇게 대답하셨다. "이르시되 너희 믿음이 작은 까닭이니라. 진실로 너희에게 이르노니 만일 너희에게 믿음이 겨자씨 한 알 만큼만 있어도 이 산을 명하여 여기서 저기로 옮겨지라 하면 옮겨질 것이요 또 너희가 못할 것이 없으리라"(마 17:20).

결국 예수님의 이 말씀에 답이 있다. 믿음 없고 패역한 세대라고 예수님이 책망하신 이유는 제자들에게 겨자 씨 한 알만한 믿음도 없었기 때문이었다. 제자들 자신은 믿음을 가지고 있는 줄 알았는데 그 믿음이 예수님이 보시기에는 없는 것이었다는 뜻이다. 그러면 없는 믿음을 어떻게 있게 할 수 있는가? 마가의 해답을 적용하면 그것은 바로 기도이다. "기도 외에 다른 것으로는 이런 종류가 나갈 수 없느니라"(막 9:29).

레오나르도 다 빈치, 미켈란젤로와 더불어 르네상스 미술의 최고봉으로 평가받는 라파엘로 산치오(Raffaello Sanzio, 1483-1520)의 최후의 작품으로 알려진 〈그리스도의 변용〉(1518-1520)이 있다. 이 그림은 우리가 나눈 말씀의 의미를 그림 한 장으로 잘 설명해주고 있다. 변화산 위의 찬란한 영광과 변화산 아래의 처절한 인생의 문제를 잘 대비해서 보여주고 있다. 그런데 이 그림에서 회담하는 세 분 아래에서 쓰러져 헤매고 있는 세 명의 제자 왼쪽에는 두 사람의 '엿보는 사람'이 등장한다. 이들의 존재가 '천사'인지, 아니면 곁눈질하듯 찾아와서 쳐다보는 아홉 명 제자의 일부인지, 그것도 아니면 변화산 사건을 지켜보는 제3의 인물인지 정확하게는 확인할 수 없다. 그런데 그중 한 명이 취하고 있는 손모양은 바로 '기도'를 가리키는 것이 아닌가? 화가 라파엘은 믿음이 없고 패역한 세대가 문제를 해결할 수 있는 방법은 바로 기도라는 교훈을 숨은그림찾기처럼 남겨놓은 것인가?

산 위와 산 아래에서 예수님은 우리의 믿음을 체크하신다. 산 위의 제자들이나 산 아래의 제자들은 기도에 관해서 동일한 책망을 들었다. 산 위의 세 제자들은 예수님이 특별기도회에 데려가셨는데도 기도는 하지 않고 잠이나 자고 있었다. 산 아래의 아홉 제자는 불쌍한 아이를 고치기 위해 별 방법을 다 써 봤을 테지만 아마도 그들은 한 가지, 기도는 하지 않았을 것이다. 왕년에 해봤던 방법은 다 써봤을 것이고, 창의적으로 새로운 방법으로 고쳐보려고 노력은 해봤겠지만 기도는 하지 않았다. "주님이 해주십시오, 우리는 못 합니다"라고 고백하며 기도했다면 제자들은 책망을 듣지 않았을 것이다. '믿음이 없고 패역한 세대'라는 이 치명적인 책망 말이다.

우리는 예수님과 함께 있는 제자로 살아가면서 우리를 위해 십자가에 달려 죽임당하신 예수님의 구속사역을 통해 모든 것을 할 수 있다. 기도해야만 하나님이 일하신다는 이 중요한 교훈을 우리가 배워야 한다. 이런 제자의 삶을 살아가기로 다시금 결심할 수 있어야 한다.

네 믿음이 떨어지지
않기를 기도하였노라

맥체인 성경읽기 방법으로 성경통독을 하니 일 년에 두 차례 신
약성경을 읽어오다가 최근에 별도로 한 달에 한 번 씩 신약성경
읽기를 시작했다. 복음서도 더 자주 읽게 되었는데 십자가 앞에
서 우왕좌왕하는 제자들의 모습에 종종 마음이 쓰였다. 당연히
베드로의 모습이 수시로 눈에 밟혔다. 예수님이 십자가에 달려
돌아가시는 일이 현실이 되어 가는데도 베드로는 예수님을 끝
까지 모실 것이라고 장담만 하다가 예수님을 부인하고 저주했
다. 결국 한두 번도 아니고 세 번이나 예수님은 철저하게 베드
로에게 짓밟히셨던 것이다.

생각해 보니 예수님이 십자가를 골고다 언덕까지 지고 가는 일을 도왔어야 할 사람은 베드로, 바로 시몬이라는 본명을 가진 이 사람이었다. 그러나 그는 도망치고 없었다. 고문당해 지친 예수님의 십자가를 엉겁결에 대신 지고 간 사람은 구레네 시몬이었다. 시몬이라는 이름을 가진 사람이었지만 구레네 지방에서 온 시골 사람 시몬이 예수님의 십자가를 대신 지고 갔다(눅 23:26).

그런데 이렇게 예수님의 십자가 앞에서 결정적으로 넘어진 제자 베드로를 위해 예수님이 기도하셨다는 말씀이 누가복음에 기록되었다(눅 22:32). 베드로뿐만 아니라 제자들의 믿음 훈련에 꼭 필요한 예수님의 기도가 결국 어떻게 베드로와 제자들을 성장시켰는지 확인해보자(눅 22:24-34). 오늘 일하는 제자의 삶을 사는 우리도 떨어진 믿음을 회복하는 기회로 삼을 수 있을 것이다.

네 믿음이 떨어지지 않기를
기도하였노니…

예수님이 고난당하고 십자가에 죽임당하게 되는 때가 다가왔지만 제자들은 그 사실을 몰랐다. 예수님이 여러 차례 말씀해주셨지만 제자들은 당시 군중들의 이해와 비슷하게 예수님이 다윗 왕가의 뒤를 잇는 정치적, 군사적 지도자로 등극하게 될 것을 기대했다. 그래서 그들이 가졌던 집요하고 애절한, 하지만 매우 한심한 관심사를 우리가 확인할 수 있다. 누가는 "또 그들 사이에 그중 누가 크냐 하는 다툼이 난지라"(눅 22:24)고 기록한다. '또'라고 하는 것을 보니 이런 일이 처음이 아니었다는 말이다. 누가의 기록을 보면 전에도 제자들 가운데 누가 크냐 하는 다툼이 일어난 것을 알 수 있다(눅 9:46). 그때는 예수님이 한 어린아이를 데려다가 세우시고, 그런 아이를 영접하면 예수님을 영접하는 것이며, 그러면 하나님을 영접하는 것이라고 말씀하셨다. 모든 사람 중에 가장 작은 사람이 큰 사람이라고 가르치셨다(눅 9:47-48).

그런데 누가 큰지를 다투는 비슷한 논쟁이지만 십자가를 앞에 둔 시점에서 예수님은 조금 다른 말씀을 하셨다. 이방의 임금들이나 권력을 가진 조직 속에 있는 사람들은 큰 자가 높임받지만 제자들 중에는 섬기는 자가 오히려 큰 자라고 말씀하셨다(눅 22:25-27). 예수님 말씀의 핵심은 이것이다. "그러나 나는 섬기는 자로 너희 중에 있노라"(눅 22:27). 전에는 어린아이를 세워서 리더십을 가르치셨는데, 이제는 섬김으로 가르치신다. 다음 말씀을 보면 심상치 않은 분위기를 느낄 수 있다. 진정한 리더십이 무엇인지 알려주신다.

당시 제자들은 다윗 왕국의 회복 후 그럴듯한 한 자리에 앉고 누가 높은 자리에 앉을지 서열을 따지는 망상에 빠져 있었다. 그런 분위기 속에서 예수님은 그간 '모든 시험'을 함께 견딘 제자들에게 하나님의 나라에서 이스라엘 열두 지파를 다스리는 미래의 상급을 말씀하셨다(눅 22:28-30). 겸손하게 섬기는 자는 이런 멋진 천국의 리더십을 상급으로 받게 될 것이다. 그러니 결국 예수님이 하시는 말씀은 제자들이 다툼하는 '한 자리'는 천국 상급으로 주어질 리더십이라는 것이다. 따라서 제자들에게 예수님은 괜히 김칫국부터 마시지 말라고 경고하신 것이었다. 물론 이것은 제자들의 기대와는 전혀 다른 것이었다.

십자가 죽음을 앞두었지만 전혀 이해하지 못하고 있던 제자들을 향한 답답한 마음을 가지고 예수님은 제자들의 대표인 베드로를 지목해서 중요한 말씀을 하셨다. 베드로에게 하셨지만 사실은 제자들에게 하신 것이고, 또한 오늘 21세기에 일하는 제자로 살아가는 우리를 향해 하신 말씀이기도 하다. "시몬아, 시몬아, 보라. 사탄이 너희를 밀 까부르듯 하려고 요구하였으나 그러나 내가 너를 위하여 네 믿음이 떨어지지 않기를 기도하였노니 너는 돌이킨 후에 네 형제를 굳게 하라"(눅 22:31-32).

자주 실수하기는 했지만 예수님도 말씀하신 대로 예수님의 모든 시험 중에 예수님과 항상 함께한 자들이 제자들이었다. 베드로도 덤벙거리고 좌충우돌하긴 했지만 누구보다 예수님에게 헌신적이었다. 그런 제자 베드로의 갑작스러운 변절은 무엇으로 설명할 수 있는가? 예수님이 지적하신 대로 사탄의 키질이었다. 사탄이 베드로를 들쑤셨다. 사탄이 곡식 속의 불순물을 골라내려고 바람에 날리며 키를 흔들어 까부르는 키질을 해댔기 때문이다. 우리가 하는 잘못된 행동들의 원인이 여러 가지일 수 있는데, 사탄의 키질이 중요한 한 원인임을 알 수 있다.

베드로의 경우를 보여주는 비슷한 사례가 있다. 사탄이 욥을 시험했다. "사탄이 여호와께 대답하여 이르되 욥이 어찌 까닭 없이 하나님을 경외하리이까. 주께서 그와 그의 집과 그의 모든 소유물을 울타리로 두르심 때문이 아니니이까. 주께서 그의 손으로 하는 바를 복되게 하사 그의 소유물이 땅에 넘치게 하셨음이니이다. 이제 주의 손을 펴서 그의 모든 소유물을 치소서. 그리하시면 틀림없이 주를 향하여 욕하지 않겠나이까. 여호와께서 사탄에게 이르시되 내가 그의 소유물을 다 네 손에 맡기노라. 다만 그의 몸에는 네 손을 대지 말지니라. 사탄이 곧 여호와 앞에서 물러가니라"(욥 1:9-12).

사탄이 하나님께 문제제기를 했다. 사탄이 제기한 욥의 약점은 욥이 하나님을 잘 섬기는데 그 원인이 따로 있다는 것이다. 그것이 무엇일까? 사탄이 볼 때 욥의 그 약점을 공격하면 넘어갈 것 같은 것이 있었다. 바로 사탄의 말에서 반복되는 단어 '소유물'이었다. 사탄이 볼 때 욥의 약점은 바로 소유물이었다. 그래서 사탄은 욥의 소유물로 시험했다. 욥은 자녀들을 다 잃고 재산도 다 잃었다. 처절하고 고통스러운 시험이었다.

그 사탄이 베드로의 약점을 파고들었다. 베드로를 어떻게 흔들면 넘어질까 상상하며 약점을 파고들었다. 베드로의 다혈질인 기질이었다. 사탄은 베드로의 기질로 키질했다. 쉽게 분노하고 성급해서 잘 참지 못하는 베드로의 약점을 공략했다. 때로 그것이 강점이었지만 베드로의 연약한 부분임이 틀림없었다. 욥은 '소유물'의 시험에서 끝내 이겼는데, 베드로는 결국 지고 말았다. 그러나 예수님의 기도가 있었다. "그러나 내가 너를 위하여 네 믿음이 떨어지지 않기를 기도하였노니"(눅 22:32).

생각해보면 베드로가 예수님을 세 번이나 부인한 일은 심각한 변절이었다. 종교개혁자 장 칼뱅의 말대로 베드로의 부인은 유다가 예수님을 팔았던 일과 본질을 따지면 다르지 않았다. 그런데 왜 베드로는 나중에 제자 공동체의 지도자가 되었고, 유다는 죄책감에 빠져 자살하고 말았는가? 예수님을 팔았던 유다의 행동에 대해서 누가는 "유다에게 사탄이 들어갔기 때문"이라고 말한다. 그래서 유다가 유대교 당국자들에게 예수님을 넘겨 줄 방법을 의논하고 무리를 피해 예수님을 체포할 수 있는 기회를 찾았다고 기록한다(눅 22:3-6).

사탄은 베드로도 동일하게 유혹했다(눅 22:31). 그런데 예수님이 사탄을 막아주셨다. 베드로를 위해 특별히 기도하면서 베드로의 믿음이 떨어지지 않기를 기도하셨다(눅 22:32). 그러니 베드로는 예수님을 배신한 죄를 회개하고 회복되어 형제를 굳게 하며 제자 공동체의 리더가 될 수 있었다. 오늘 우리도 이렇게 베드로처럼 예수님이 기도해주시는 사람이 되어야 한다. 예수님이 기도해주시면 우리의 믿음이 떨어지지 않고 설령 죄의 유혹에 빠졌더라도 우리는 회개하고 회복될 수 있다.

하지만 베드로는 예수님이 자신을 위해 특별히 기도해주시는 은혜를 입었지만 그 기도를 체험하기 위해 일정한 수업을 해야 했다. 사탄의 유혹이 있을 것이라고 경고하셨는데도 베드로는 주와 함께 옥에도, 죽는 데에도 가기를 각오했다고 호언장담했다(눅 22:33). 이렇게 허풍을 떠는 것이 그리 쉽지는 않다. 모든 사람이 베드로 같지는 않지만 베드로 같은 사람들이 있다. 예수님은 기도가 정답이고 기도가 유혹을 이기는 길이라고 강조하셨건만 베드로는 이렇게 허풍떨며 장담하고 있다. 과연 유혹을 이기고 승리하는 믿음은 어떤 것인지 베드로가 앞으로 많이 배워야만 했다. 베드로가 장담 대신 예수님이 가르쳐주시는 기도를 배우는 일은 참으로 처절하고 괴로운 과정이었다.

장담은 결코 제자의
미덕이 될 수 없다

　　　　　베드로의 장담과 예수님의 기도가 어떤 연관이 있을지 생각해보라. 일단 시간적으로도 가깝다. 몇 시간 차이에 생긴 사건이다. 또 세 번 반복되는 것도 비슷하다. 절대 부인하지 않겠다고 장담한 베드로가 예수님을 세 번 부인할 것이다. 그리고 마태복음을 참고하면 주님은 겟세마네 동산에서 세 번 기도하셨다(마 26:36-46).

　물론 장담이 베드로만의 문제는 아니었다. 마태복음을 참고해 보면 예수님이 제자들에게 "오늘 밤에 너희가 다 나를 버리리라"(마 26:31)고 말씀하셨다. 모든 제자에게 하신 말씀이고, 베드로가 제자들의 대표로 예수님에게 응답한 것이다. 베드로가 나서서 "모두 주를 버릴지라도 나는 결코 버리지 않겠나이다"(마 26:33)라고 장담했다.

　아마도 베드로의 장담은 그의 마음 깊은 곳에서 우러나오는 진심이었을 것이다. 정말 그렇게 하고 싶었을 것이다. 그 당시엔 진실이고 충정이며 열정이었다. 할 수 있어 보였다. 그러나 그렇게 하지 못한 이유가 무엇일까? 베드로의 장담은 자신의 능력을 너무 믿은 것이 문제였다. 베드로는 우리의 믿음이 인간의 의지력이 아닌 하나님이 도우시는 능력에 의해서만 지켜질 수 있다는 사실을 알지 못했다. 베드로는 자신을 너무 믿었다. 자신만은 결코 예수님을 버리지 않겠다니, 세상에서 가장 믿을 만하지 못한 존재가 바로 '나 자신' 아니던가? 이기적이고 변덕스러우며 치사하기조차 한 우리 자신을 생각해보면 알 수 있다.

또한 베드로는 비교의식과 우월의식에 빠져 있었다. 예수님의 말씀대로 다른 제자들은 다 예수님을 버릴 수 있어도 자신만은 아니라고 보았다. 자기만은 결코 버리지 않겠다는 생각은 대단한 교만이다. 다른 사람들은 할 수 없지만 자기만은 할 수 있다는 태도는 자만심이다. 다시 말해 남을 과소평가하고 자신을 과대평가한 것이 베드로의 실수였다. 베드로는 그 자신이 다른 어떤 사람들보다 어려움을 물리칠 준비가 잘되어 있다고 생각했다.

이것이 베드로의 약점이며 어리석음이었다. 예수님을 만난 이후 수년 동안 지속해온 그의 사고방식이고 행동양식이었다. 모든 사람에게 공통적으로 부여된 어려운 시험을 당하면서 다른 사람들은 몰라도 나는 이겨낼 수 있다는 생각은 매우 위험하다. 자신과 남을 비교해서 내가 나을 것이라고 생각하지 말아야 한다. 그렇게 장담하면 곤란하다. 오히려 남을 나보다 낮게 여겨야 한다(빌 2:3). 사도 바울이 말하는 대로 그런 마음이 바로 우리 주님의 마음이다.

이렇게 장담하면서 주님을 버리지 않겠다는 베드로에게 주님은 말씀하셨다. "베드로야 내가 네게 말하노니 오늘 닭 울기 전에 네가 세 번 나를 모른다고 부인하리라"(눅 22:34). 그러자 베드로는 장담의 종지부를 찍었다. "내가 주와 함께 죽을지언정 주를 부인하지 않겠나이다"(마 26:35). 이제는 자신의 생명이라도 주님을 위해 바칠 것이며, 결코 예수님을 부인하지 않을 것이라고 호언장담했다.

베드로가 장담하고 나니 장담이 돌림병이 되어버렸다. 모든 제자도 그와 같이 말했다(마 26:35). 제자들은 저마다 자기는 죽어도 주를 부인하지 않겠다면서 주님 앞에서 절규했다. 예수님의 귀에 열 한 사람의 음성이 반복해서 들려왔다. "내가 주와 함께 죽을지언정 주를 부인하지 않겠나이다." 그들의 장담은 몇 시간이 지나면 깨어질 말장난이었다. 제자들에게 유행한 그 돌림병이 여러 세기를 지나 우리가 사는 21세기에도 계속되고 있다. 우리가 장담하면서 인생을 살고 있지 않는가? "내가 합니다. 험한 세상에서 유혹이 있어도 주님과 함께 멋지게 살겠습니다. 주님을 결코 부인하지 않겠습니다. 믿어주십시오."

다른 제자들도 마찬가지였지만 베드로가 이렇게 호언장담하며 예수님 앞에서 객기를 부렸던 이유가 무엇이었을까? 나는 이렇게 상상한다. 가장 일반적으로 생각하기에는 '성공의 욕구'일 수 있었다. 이것은 베드로의 일생을 지배했던 인생목표이기도 했을 것이다. 무언가 잘해보고 싶었다. 그래서 한 번 뜨고 싶었다.

또한 체면 혹은 책임감 때문이었을 수도 있다. 우리는 흔히 베드로를 '수제자'라고 부른다. 예수님이 베드로에게 모든 제자를 인도하는 책임을 맡기셨다. 본래 시몬이었던 그의 이름을 '반석'이라는 뜻의 베드로로 고쳐주시고 제자들의 대표로 삼으셨다. 그런 직책이 가져다주는 책임감이 있을 수 있었다. 또 체면의식이 있기도 했을 것이다. 그러니 베드로가 그렇게 장담하면서 나섰다. 또한 기질과 성격도 작용했을 것이다. 베드로는 생각보다는 말이 앞서는 사람이었다. 어느새 말을 행동으로 옮겨서 해치우고 마는 사람이었다. 이런 베드로의 성격도 호언장담으로 실패하는 데 큰 작용을 했을 것이다.

이렇게 성공의 욕구와 책임감과 체면의식과 기질과 성격 때문에 호언장담하더라도 그 장담으로 제자의 삶을 제대로 살 수는 없다. 그럼 어떻게 해야 하는가? 우리가 장담하는 대신에 해야 할 일을 예수님이 가르쳐주신다.

시험에 들지 않게
일어나 기도하라

우리는 장담하는 대신에 기도(祈禱)해야 한다. 기

도를 반복하면 하나님의 뜻을 알고 행동할 수 있다. 장담하지 않고도 인생을 성공적으로 사는 비결은 바로 기도이다. 예수님의 겟세마네동산 기도에서 중요한 교훈을 발견할 수 있다. 주님은 구속사역을 위해 반드시 져야만 했던 십자가에 대해서 어떤 장담도 하지 않으셨다. 장담하는 대신 기도하셨다. 장담하지 않는 사람이 기도한다. 기도하는 사람은 장담하지 않는다. 그것을 자신이 이루는 것이 아니라 능력 많으신 하나님이 이루시는 것을 알기 때문이다.

마태복음이나 마가복음도 참고하면 예수님은 십자가를 앞에 두고 겟세마네 동산에서 세 번 기도하셨다. 여덟 제자들은 남겨두고 세 제자만 데리고 가셨다가 다시 그들과 조금 떨어져서 혼자 기도하셨다. 마가는 세 번의 기도가 동일한 내용이었다고 기록한다(막 14:39). 누가도 그 기도의 내용을 기록한다. "아버지여 만일 아버지의 뜻이거든 이 잔을 내게서 옮기시옵소서. 그러나 내 원대로 마시옵고 아버지의 원대로 되기를 원하나이다"(눅 22:42).

예수님은 아버지 하나님의 뜻을 강조하셨다. 혹시 아버지의 뜻이라면 "이 잔을 내게서 옮기시옵소서"라고 기도하셨다. 인류를 구원하기 위해 오신 하나님의 아들인 그리스도의 이 고민스러운 기도를 좀 보라. 십자가를 지고 목숨을 버리기 위해 오신 예수님이 십자가 앞에서 이런 나약한 모습을 보일까? 순교

자들은 종종 이런 고민도 없이 잔혹한 박해자들의 손에 죽어 가는데 예수님은 왜 이러시는가? 여기서 우리는 "이 잔을 내게서 옮기시옵소서"라고 하신 그 '잔'의 의미를 이해해야 한다. 잔은 성경에서 하나님의 축복(시 23:5)이나 저주(시 75:8)를 비유하기 위해 사용되었다. 시편 23편 5절의 "기름을 내 머리에 부으셨으니 내 잔이 넘치나이다"라는 말씀은 하나님의 축복의 상징이다. 또 하나 중요한 '잔'의 뜻은 바로 저주이다. "여호와의 손에 잔이 있어 술 거품이 일어나는도다. 속에 섞은 것이 가득한 그 잔을 하나님이 쏟아 내시나니 실로 그 찌꺼기까지도 땅의 모든 악인이 기울여 마시리로다"(시 75:8).

예수님이 말씀하신 이 잔은 인류의 죄를 걸머지며 십자가에서 감당하실 하나님의 진노를 가리킨다. 너무나 고통스러운 것이다. 온 인류에게 내리신 하나님의 진노가 아닌가! 모든 인간을 죽음으로 내몰 수밖에 없었던 그 크고 많고 깊은 죄, 아담과 하와의 범죄 이후 수천 년 동안 지속된 죄인들의 모든 죄, 그리고 이후 오늘 우리의 죄까지 해당된다. 또한 우리 이후 태어날 인류의 죄까지도 다 포함하는 것이다. 그 모든 인류의 죄악을 혼자 감당해야 한다는 부담으로 예수님은 이런 기도를 하셨다. 또한 예수님이 지신 십자가는 하나님이 그의 아들 그리스도와 격리되는 고통이었다. 우리가 "나의 하나님, 나의 하나님, 어찌하여 나를 버리셨나이까"(마 27:46)라는 처절한 슬픔과 고통의 부르짖음을 잘 알고 있다.

그러나 주님은 복종하셨다. "내 원대로 마시옵고 아버지의 원대로 되기를 원하나이다." 예수님의 기도는 처음부터 끝까지 아버지 하나님께 완전히 복종하는 태도로 일관하셨다. 이런 기도의 자세가 베드로의 장담과 다른 것이다.

이 기도는 고통과 저주의 그 큰 잔이 치워짐으로써가 아니라 그 잔을 마실 수 있는 능력을 하나님께 공급받으면서 응답되었다. 천사가 하늘로부터 예수님에게 나타나 힘을 더해주었다(눅 22:43). 물론 궁극적으로는 죽음에서 부활하심으로 예수님의 이 기도가 응답되었다. "그는 육체에 계실 때에 자기를 죽음에서 능히 구원하실 이에게 심한 통곡과 눈물로 간구와 소원을 올렸고 그의 경건하심으로 말미암아 들으심을 얻었느니라"(히 5:7). 이런 기도를 예수님이 세 번 반복하셨다.

우리 인생에서도 반복되는 기도는 우리에게 힘을 준다. 하나님이 용기를 주신다. 기도하는 우리가 하나님의 뜻을 알게 된다. 장담하지 않아도 기도하며 제자의 삶을 제대로 살 수 있다. 기도가 예수님이 십자가를 질 수 있는 힘과 용기를 주었다. 기도하는 것은 내가 하는 것이 아니라 하나님이 하실 것을 인정하는 태도이기 때문이다. 그래서 겸손한 사람이 기도한다. 교만한 사람은 기도하지 않는다. 기도하지 않고도 인생을 장담하면서 살 수 있다고 착각하는 것이다.

장담하던 제자들은 기도하지 못했다. 주님은 고민하고 슬퍼하시면서 그들도 깨어서 고통을 함께 나눌 수 있기를 기대하셨다. 물론 예수님이 하시던 기도를 함께하자고 하신 것이 아니었다. 제자들이 시험받지 않도록 그 자리에서 기도하며 깨어 있기를 기대하셨다. 연민을 가지고 좀 자기를 격려해달라고 하셨다. 그런데 제자들은 그러지 못했다. 장담하느라 힘이 다 빠져서 그런지 제자들은 잠들어버렸다. "유혹에 빠지지 않게 기도하라"(눅 22:40)는 예수님의 부탁을 잊었다. 제자들이 슬픔으로 인해 잠든 것을 보시고 주님이 또 말씀하셨다. "어찌하여 자느냐 시험에 들지 않게 일어나 기도하라"(눅 22:46).

우리는 지금 깨어 기도해야 한다. 주님은 오늘도 고민하고 계신다. 슬퍼하고 계신다. 이 악한 세상을 보고 슬퍼하신다. 주님이 재림하면 세상의 끝이 오는 것을 아시기에 고민하신다. '이들을 내가 어찌할꼬? 이 세상을 내가 어찌할꼬?' 이 세상을 변화시키고 하나님의 나라를 이루는 사명이 오늘 우리들에게 있기 때문에 우리에게 기도하라고 하신다.

우리는 본성적으로 가지고 있는 나태함에서 깨어나야 한다. 무엇보다도 주님을 제대로 따르지 못하게 하는 무서운 적이 우리 안에 있다는 사실을 알고 방심하지 말아야 한다. 나약함과 나태함, 그리고 교활한 인간의 본성은 우리 안에 잠재해 있으면서 우리가 방심하게 될 때 우리를 급속도로 죄악으로 몰고 가기 때문이다.

우리는 사탄의 궤계, 유혹, 도전에 대해서도 깨어 있어야 한다. 사탄은 가장 간사한 방법으로 우리를 유혹하려 한다. 에덴 동산에서 아담과 하와를 유혹했던 것처럼 말이다. 때론 가장 무서운 방법으로 우리를 삼키려고 한다(벧전 5:8). 그러니 우리가 깨어 있지 않는다면 우리는 사탄의 가장 좋은 먹이가 되고 말 것이다.

그래서 주님은 제자들에게 기도를 강권하셨다. 기도는 사탄의 간사한 꾀를 무력화시킬 수 있는 유일한 무기이기 때문이다. 비록 경성하고 있다고 해도 사탄은 우리보다 한 단계 높은 능력을 가지고 있기 때문에 우리가 사탄의 악한 능력을 제어할 수 없다. 그러니 우리는 기도해야 한다. 기도만이 하나님의 능력을 힘입을 수 있는 유일한 방법이기 때문이다. 세상에서 그리스도의 제자로서 모든 고난과 고통을 감당하기 위해서도 우리는 기도해야 한다. 주님이 그러셨던 것처럼 기도해야 한다.

결국 베드로가 예수님 말씀처럼 세 번이나 예수님을 부인한 후에 깨달은 점이 바로 그것이다. 주님이 몸을 돌이켜 베드로를 보셨다. 눈이 마주쳤다(눅 22:61). 베드로가 세 번째 예수님을 부인하고 난 뒤였다. 닭 울음소리에 깜짝 놀란 베드로를 쳐다보시는 우리 주님의 눈빛을 상상해보라. 주님 자신도 이미 겟세마네 동산에서 온 기운을 다 쏟으면서 기도하셨다. 땀이 땅에 떨어지는 핏방울같이 되었다고 한다(눅 22:44). 사람이 극단적으로 힘을 쓰면 피가 모세혈관을 통해 피부 바깥으로 나온다고 한다. 그때 이미 기력을 다 소진하셨다. 그리고 잡혀가서 밤새 이리저리 끌려다니며 심문을 받으셨고, 이제 닭이 울었으니 새벽이었다. 그때까지 심문과 고문을 당하셨다. 끝에 뼈 조각이나 납덩이가 여러 개 달린 채찍으로 맨몸을 맞아 살점이 떨어져 나가고 피를 흘리셨다. 전날 온종일 일하시고 밤을 꼬박 새우시며 괴로운 일을 당하셔서 이미 초주검의 상태였다.

그만큼 피곤하고 지친 상황에서도 베드로를 봐주시던 우리 주님의 그 눈길! 아마도 베드로를 사랑하는 눈빛으로, 또 한편으로는 서글픔과 안타까움을 가득 담아 쳐다보셨을 것이다. 베드로가 주님의 그 눈빛을 바라보고는 더 이상 참지 못했다. 뛰쳐나가 통곡했다. 베드로가 울다 울다 못 다 울어서 평생 눈물이 글썽글썽해서 다녔다는 전설이 전해온다. 또 새벽에 닭이 울면 베드로가 놀라 일어나 울며 회개했다는 전승도 잘 알려져 있다. 이렇게 주님의 눈빛을 보고 회개의 눈물을 흘린 베드로가 결국 회복될 수 있었다.

베드로가 주님을 부인한 후 회개하고 회복될 수 있었던 것은 예수님의 말씀이 기억났기 때문이다. "오늘 닭 울기 전에 네가 세 번 나를 부인하리라"고 하셨던 예수님의 말씀을 베드로가 기억했다(눅 22:61). 자기가 했던 호언장담이 베드로를 돌이키게 한 것이 아니었다. 주님의 말씀이 베드로를 회복시켰다. "내가 너를 위하여 네 믿음이 떨어지지 않기를 기도하였노니 너는 돌 이킨 후에 네 형제를 굳게 하라"(눅 22:32). 예수님의 이 기도와 말씀 때문에 베드로는 결국 회복될 수 있었다. 이런 깨달음이 있은 후에야 베드로는 예수님의 말씀대로 형제를 굳게 할 수 있 었다. 부활하신 주님을 만나고 내 양을 먹이라는 부탁의 말씀을 세 번 듣고(요 21장) 결국 교회를 그의 이름처럼 반석 위에 세울 수 있었다.

세상이 악하고 험난해도 나 혼자 얼마든지 주님의 제자로 살 아갈 수 있다고 장담하지 말아야 한다. 예수님을 부인하는 일은 결코 없을 것이라는 호언장담만으로 우리가 세상에서 승리할 순 없다. 우리도 제자들에게 주님이 말씀하시는 음성에 귀를 기울 여야 한다. "유혹에 빠지지 않게 기도하라." "어찌하여 자느냐? 시험에 들지 않게 일어나 기도하라." 선잠 깨서 베드로처럼 칼 을 들고 문제를 해결하려 하면 안 된다(눅 22:47-51). 칼이 해답 이 아니다. "칼을 가지는 자는 다 칼로 망하느니라"(마 26:52). 우리는 칼 대신에 기도의 눈물로 일하고 살아야 한다. 칼을 눈물 로 녹슬게 해야 한다. 베드로가 그랬던 것처럼 말씀을 기억하며 기도로 일해야 한다. 그럴 때 우리는 회복된 우리 자신의 믿음으 로 하나님 나라의 공동체를 세울 수 있다.

어찌하여 마음에
의심이 일어나느냐?

예수님은 죽음의 권세를 이기고 부활하셨다. 할렐루야! 예수님의 부활은 역사적인 사건이 분명하다. 하지만 부활을 믿느냐, 믿지 않느냐의 여부는 사람들 각자의 선택이다. 세상에는 예수님의 부활을 믿는 사람들이 있다. 그런가 하면 예수님의 부활을 믿지 않는 사람들도 많다. 예수님이 부활하신 당일에는 어떤 분위기였을까? 모든 사람이 다 너무도 분명하게 예수님의 부활을 믿는 분위기였을까? 누가복음 24장이 전하는 부활 당일에 있었던 몇 가지 에피소드를 보면 당시 사람들뿐만 아니라 제자들 역시 예수님의 부활을 제대로 믿지 않았다는 사실을 알 수 있다

(눅 24:13-49).

예수님이 하시는 말씀을 들어봐도 그렇다. "미련하고 선지자들이 말한 모든 것을 마음에 더디 믿는 자들이여 그리스도가 이런 고난을 받고 자기의 영광에 들어가야 할 것이 아니냐"(눅 24:25-26). "어찌하여 두려워하며 어찌하여 마음에 의심이 일어나느냐. 내 손과 발을 보고 나인 줄 알라. 또 나를 만져 보라. 영은 살과 뼈가 없으되 너희 보는 바와 같이 나는 있느니라"(눅 24:38-39). 예수님은 제자들이 부활에 대한 믿음을 제대로 가지고 있지 못함을 책망하셨다. "마음에 더디 믿는 자들이여 어찌하여 마음에 의심이 일어나느냐?"

예수님 당시에, 그것도 예수님 측근에 있던 사도들, 그들과 같이 지냈던 사람들이 이렇게 책망을 들으면서 부활을 의심했을까? 이런 의문을 제기하면서 예수님의 부활에 대한 믿음을 확인해보자. 오늘 일하는 제자들에게 있어서도 부활에 대한 믿음은 제자훈련의 필수적인 과목이 아닐 수 없다.

제자들, 예수님의
부활을 믿지 못하다

누가가 전하는 예수님의 부활 기사에서 가장 먼

저 예수님의 빈 무덤을 목격한 사람은 여인들이었다. 금요일 저녁, 무덤에 안치한 예수님의 시신에 향품을 바르려고 여인들이 무덤으로 갔다(눅 24:1-3). 그런데 1톤이나 되는 바퀴 모양의 큰 돌로 무덤을 막았는데 그것이 옮겨져 있었다. 놀라서 무덤에 들어가 보니 예수님의 시신이 없었다. 그때 천사들이 예수님의 부활 소식을 알려주었다. "어찌하여 살아 있는 자를 죽은 자 가운데서 찾느냐. 여기 계시지 않고 살아나셨느니라"(눅 24:5-6).

이 여인들이 사도들에게 가서 예수님의 무덤이 비었고 부활하셨다고 알렸다. 하지만 그 말을 전해들은 사도들이 보인 반응도 부활에 대한 확신과는 거리가 멀었다. 사도들은 그들의 말이 허탄한 듯이 들려 믿지 아니했다고 한다. 그중 베드로는 달려가서 무덤 안을 들여다보니 예수님의 시신을 쌓던 세마포만 있는 것을 보았다. 그렇다고 베드로가 예수님의 부활을 믿은 것은 아니다. 그저 그 모든 일을 놀랍게 여겼다고 한다. 이렇게 예수님의 무덤을 가장 먼저 목격한 여인들과 뒤따라가서 본 제자들도 예수님의 부활을 믿지 못했다(눅 24:10-12).

그날 예루살렘을 떠나 엠마오로 가던 두 사람과 동행하던 예수님도 그들을 책망하셨다. "미련하고 선지자들이 말한 모든 것을 마음에 더디 믿는 자들이여"(눅 24:25). 그들이 예수님을 알아차린 후 그날 밤에 예루살렘으로 돌아가서 모인 제자들의 모임에 나타나신 예수님이 말씀하셨다. "어찌하여 두려워하며 어찌하여 마음에 의심이 일어나느냐"(눅 24:38). 예수님이 손과 발을 보고 믿으라고 못 자국을 보여주셨다. 그러자 제자들은 너무 기뻐서 아직도 믿지 못하고 놀랍게 여겼다고 한다. 예수님의 못 자국을 눈으로 확인하고 기뻤는데도 못 믿었다는 것이다. 그래서 예수님이 먹을 것이 없느냐고 물으시고 생선구이 한 토막을 받아 잡수시기까지 했다(눅 24:40-43).

예수님이 부활하신 바로 그날 하루의 일을 기록한 부활의 증언에서 전반적인 분위기는 불신(不信)이었다. 그 원인은 무엇일까? 제자들은 왜 부활하신 예수님을 만나고도 예수님의 부활을 믿지 못했을까?

예수님이 공생애 사역을 하시면서 지속적으로 제자들이나 이스라엘 백성들과 갈등을 겪어온 대로 하나님의 구원에 대한 견해의 차이가 있었다. 제자들뿐만 아니라 이스라엘 백성들은 정치적이고 군사적인 메시아를 기다렸다. 로마의 압제를 물리치고 새로운 다윗 왕국을 세울 다윗의 후손을 바랐다. 메시아를 바라보는 관점의 차이가 참으로 문제였다.

사실 누가복음만 살펴봐도 예수님은 고난받고 죽임당하고 "제삼일에 살아나야 하리라"(9:22) 하시면서 부활을 언급하셨다. 예루살렘에 올라가면 유대교 당국자들이 예수님을 죽일 것이지만 "삼 일 만에 살아나리라"(18:33)고 하셨다. 그 외에도 예수님은 여러 차례 십자가 죽음과 부활을 말씀하셨을 것이다. 그런데 제자들은 그것을 하나도 깨닫지 못했다고 한다. 그 말씀에 감처져서 예수님의 말씀을 알아차리지 못했다(18:34). 예수님이 부활하신 빈 무덤에서도 여인들에게 나타난 천사가 예수님이 하셨던 말씀을 복습시키고 있다. "이르시기를 인자가 죄인의 손에 넘겨져 십자가에 못 박히고 제삼일에 다시 살아나야 하리라 하셨느니라." 그때에야 여인들이 예수님이 하셨던 말씀을 기억했다고 한다(눅 24:7-8).

당시 이스라엘 사람들의 사상에 부활 신앙이 없지 않았다. 그 세계에서 부활은 의롭게 죽은 모든 사람을 위해 하나님이 종말에 행하실 큰 역사를 의미했다. 세상의 종말에는 그런 놀라운 부활이 틀림없이 있을 것이다. 그런데 그날 아침, 아직 세상의 종말이 아닌데, 큰 변화가 없는데 예수님이 부활하셨다고 하니 그들이 놀랐던 것이다. 예수님의 부활은 그들이 겪어보지 못한 일이다 보니 제자 공동체 사람들이 이런 불신의 반응을 보였을 것이라고 정리해볼 수 있다.

이 부활에 대한 불신의 느낌으로 가득 찬 기록 속에서 우리가 한 가지 짚고 넘어가야 할 부분이 있다. 예수님의 부활이 지어낸 이야기가 아니라 사실이라는 증거가 여기에 있다. 누가복음은 예수님의 부활을 가장 먼저 확인한 사람들이 여자들이라고 기록한다(24:1-10). 이 기록은 틀림없이 사실대로 기록한 것이지만 만약 사실이라 해도 사실대로 이렇게 기록하면 당시 사람들이 믿어주지 않았을 것이다. 당시 고대사회에서 여성들은 신뢰할 만한 증인으로 인정받지 못했기 때문이다. 그런데 누가는 이렇게 예수님의 빈 무덤을 처음으로 확인한 사람들이 바로 여자들이었다고 사실대로 기록하고 있다.

또한 사도들이 예수님의 부활을 즉각 믿어서 부활 믿음의 모델이 되고, 강력한 메신저가 되게 해서 하나님의 교회를 제대로 이끌게 하는 것이 당시 그룹의 리더십을 판단할 때 중요했을 것이다. 그런데 누가는 그렇게 의도를 가지고 사실과 달리 기록하지 않았다. 예수님과 가까웠던 사도들도 부활에 대해 의심을 많이 했다는 사실 그대로 기록했다. 이것이 예수님의 부활이 사실이라는 증거가 아니겠는가? 예수님의 부활이 실제로 일어난 일이라는 점을 누가의 기록이 입증하고 있다. 잘 믿어지지 않았음을 솔직하게 기록하면서 예수님의 부활을 증거한다. 이런 점은 오늘날도 사람들이 예수님의 부활에 대해 회의적인 것이 바람직하지는 않지만 하나도 이상한 것이 아니라는 점도 알려준다.

예수님, 말씀을 가르쳐
부활을 입증하시다

이런 상황에서 예수님은 무엇을 하셨는가? 우리

가 예수님의 마음도 들여다봐야 한다. 예수님의 입장에서 보면 제자들이 정말 한심했을 것이다. 그 중요한 십자가 죽음, 그리고 부활까지 다 이루었는데 제자들이 그걸 제대로 믿지 못하니 얼마나 답답하셨을까? 그래도 우리 예수님은 포기하지 않으셨다. 예수님이 부활을 못 믿는 제자들에게 내린 처방은 한마디로 정리하면 반복해서 성경을 통해 부활을 입증하신 것이었다. 천사와 팀워크를 이루면서 이 중요한 일을 하셨다.

천사들이 여인들에게 예수님의 부활을 증거한 후 여인들이 사도들에게 이야기했는데도 믿지 못하자 이제 예수님이 직접 길을 나섰다. 엠마오 마을로 가는 두 사람에게 예수님이 나타나셨다. 예루살렘에서 서쪽으로 한 10km쯤 떨어진 마을이었다. 이 사람들은 글로바와 또 한 사람이었다. 열두 사도에는 포함되지 않지만 예수님을 따르던 확대 제자들이었을 것이다. 이름이 기록되지 않은 한 사람은 예수님이 십자가에 달리실 때 곁에 있던 '글로바의 아내 마리아'가 아닐까 생각해본다(요 19:25). 만약 그랬다면 아마 이들 부부가 자기 집으로 돌아가는 길이었을 것이다.

그 길에 예수님이 길동무하듯이 끼어드셨다. 그들이 예수님을 알아보지 못했다고 하는데(16절), 이 사람들이 본래 예수님의 얼굴이나 모습을 몰라본 것은 아니었을 것이다. 아마도 예수님의 변화된 몸을 알아차리지 못한 것으로 보인다. 여하튼 이

노상담화에서 당연히 화제에 오른 이야기는 지난 며칠간 예루살렘에서 큰 뉴스거리였던 예수님의 죽음과 부활이었다. 이 대화에는 당시 이스라엘 사람들이 가지고 있던 예수님의 부활에 대한 이해가 그대로 담겨 있다(19-24절). "예수님이 이스라엘을 구속할 메시아로 봤는데 유대교 당국자들이 죽였다. 더 황당한 것은 몇 측근 제자들이 예수님의 시신은 못 보고 빈 무덤을 봤다고 한다"는 내용이었다.

이때 예수님이 두 사람을 책망하셨다. "미련하고 선지자들이 말한 모든 것을 마음에 더디 믿는 자들이여!"(눅 24:25). 미련하고 마음에 더디 믿는다는 것은 제때 이해하지 못하고 믿음을 가지려는 의지가 부족하다는 뜻이다. 그리고 예수님은 그리스도가 고난받고 부활해야 한다는 것을 구약 율법과 예언서들을 통해서 자세히 설명하셨다(눅 24:27). '메시아를 통한 구속사역'이라는 제목의 노상특강을 하셨다. 시간도 아마 두 시간 가까이 되지 않았을까 생각해본다. 10km쯤 걸어가는 길에서 예수님은 충분하게 설명하셨고, 그 두 사람이 예수님의 말씀을 들었다.

나중에 그들이 깨닫게 되었다. 집 안으로 들어가 식사자리에서 예수님을 알아차린 후 두 사람이 이렇게 감탄했다. "길에서 우리에게 말씀하시고 우리에게 성경을 풀어주실 때에 우리 속에서 마음이 뜨겁지 아니하더냐"(눅 24:32). 이렇게 성경 말씀을 통해 예수님이 부활을 입증하셨다. 이 사람들이 다시 예루살렘으로 돌아가서 사도들의 모임에 합류했고, 그 자리에 예수님이 다시 오셨다. 그래도 제자들은 의심하며 예수님의 손과 발을 만져보고도 기쁘면서도 아직 믿지 못하겠다고 했다. 그들에게 예수님이 하신 말씀 역시 엠마오로 가는 길에 하셨던 특강의 요약이었다. "내가 너희와 함께 있을 때에 너희에게 말한 바 곧 모세의 율법과 선지자의 글과 시편에 나를 가리켜 기록된 모든 것이 이루어져야 하리라 한 말이 이것이라"(눅 24:44). 사도 누가는 예수님이 제자들의 마음을 열어 성경을 깨닫게 하셨다고 기록한다(눅 24:45).

결국 부활을 믿을 수 있는 방법은 다른 어떤 것으로도 불가능하다. 과학적인 입증으로 믿어지지 않는다. 바로 성경 말씀을 체계적으로 배우고 이해하며 공부하면 하나님이 우리의 마음을 열어주신다. 마음이 열려야 하고 뜨거워져야 믿어지는데, 그 마음은 성경을 깨달아야 열린다(눅 24:32, 45).

예수님의 부활은 기독교 복음과 신앙의 핵심을 이루는 내용인데(롬 4:24, 고전 15:1-19) 교회는 처음부터 그 사실을 잘 믿지 못했다는 다소 충격적인 사실을 접하면서 우리는 결국 말씀에 해답이 있음을 확인할 수 있다. 예수님이 제자들에게 말씀하신 대로 이제 우리 일하는 제자들도 부활의 증인이 되어야 한다. "또 이르시되 이같이 그리스도가 고난을 받고 제삼일에 죽은 자 가운데서 살아날 것과 또 그의 이름으로 죄 사함을 받게 하는 회개가 예루살렘에서 시작하여 모든 족속에게 전파될 것이 기록되었으니 너희는 이 모든 일의 증인이라"(눅 24:46-48).

그리고 예수님이 중요한 말씀을 하셨다. "볼지어다. 내가 내 아버지께서 약속하신 것을 너희에게 보내리니 너희는 위로부터 능력으로 입혀질 때까지 이 성에 머물라"(눅 24:49). 무엇을 말씀하시는 것인가? 예수님의 부활의 증인이 되는 것은 성령 강림사건과 밀접하게 연관되어 있다. 부활을 증거하는 일을 위해 제자들에게 성령님이 오셔야 했다(행 2장). 성경에 기록된 말씀이 마음으로 믿어져서 부활도 믿어야 하는데 그런 믿음을 제대로 갖지 못한 제자들이 많았다. 그런데 그들이 언제 예수님의 부활에 대한 강한 확신과 믿음을 가지고 목숨까지 걸며 그 복음을 전하게 되었는가? 바로 충만하게 임한 성령님으로 인해 제자들이 부활신앙을 확신하고 증거하게 되었다.

이 성령님은 지금도 부활 메시지를 듣는 사람들의 마음속에 오셔서 일하신다. "오직 하나님이 성령으로 이것을 우리에게 보이셨으니 성령은 모든 것 곧 하나님의 깊은 것까지도 통달하시느니라"(고전 2:10). 오늘 일하는 제자들에게도 성령님이 강하게 역사하셔야 마음을 열 수 있다. 그래서 부활을 믿는 믿음을 얻을 수 있다. '성경과 마음'의 조화는 결국 '성경과 성령'의 조화이다.

예수님, 식사하시며
부활을 입증하시다

또 하나 누가복음에서 중요하게 확인할 수 있는 것은 식사자리에서 예수님이 부활을 입증하셨다는 점이다. 한 번 생각해보라. 성경이 기록하는 첫 번째 식사는 어떤 것일까? 에덴동산에서 아담과 하와가 선악과를 따먹은 것이 아닐까? 그랬더니 어떤 일이 벌어졌는가? 두 사람의 눈이 밝아져 자신들의 정체를 분명하게 이해하게 되었다고 한다. 벗은 줄을 알고 무화과나무 잎으로 치마를 만들어 입었다(창 3:6-7). 성경이 기록하는 인류의 이 첫 식사는 인류의 파멸과 죽음을 가져온 반역의 식사였다. 하나님과 같이 되고 싶었던 불순종과 배신의 죄악을 담은 식사였다.

그런데 글로바의 집에서 예수님이 두 사람과 나눈 식사는 부활사건 후에 성경이 가장 먼저 기록하는 식사이다. 이것은 새로운 창조세계의 식사라는 의미가 있다. 예수님이 빵을 들고 축복하시고 떼어 글로바와 또 한 사람의 제자에게 주셨다. 그러자 어떤 일이 벌어졌는가? 두 사람의 눈이 밝아졌다(31절). 그들의 눈이 열려 예수님을 알아보았다. '아, 이분이 부활하신 예수님이셨구나!' 그들이 깨달았다. 인류의 오랜 저주와 죽음이 무너졌다. 복과 기쁨과 생명의 새로운 가능성이 넘쳤다. 하나님의 새로운 창조세계가 이렇게 예수님과 함께한 식사를 통해 펼쳐졌다(톰 라이트, 「모든 사람을 위한 누가복음」(서울: IVP, 2011), 415쪽).

사실 열두 제자 그룹에 속하지 않은 글로바와 또 한 사람은 예수님과 제자들이 함께한 최후의 만찬에 참석하지 못했다. 예수님이 부활하신 날 저녁, 글로바의 집에서 있었던 이 식사를 통해 두 사람은 예수님이 자기들과 함께하시고, 또한 자기들 안에 살아계신 것을 발견했다. 예수님과 함께하는 식사 속에 이런 중요한 의미가 담겨 있다. 그래서 초대교회 공동체에서는 성도들이 사도의 가르침을 받아 서로 교제하고 떡을 떼며 기도에 힘썼다고 한다(행 2:42). 식사에 이런 중요성이 있다. 이런 식사는 바로 성찬을 말한다.

말씀과 식사, 성경과 성례가 이렇게 서로 단단히 묶여 있다. 말씀과 식사는 우리 신앙의 이론과 실천을 말한다. 성경 없는 성례는 마술에 불과하다. 반대로 성례가 없는 성경은 실생활과 동떨어진 이론 활동에 불과하다. 이 둘을 합치면 그리스도인의 삶의 핵심을 갖게 되는 것이다(위의 책, 416-417쪽).

사도들이 다 모인 곳에서도 예수님은 부활을 입증하기 위해 먹을 것을 달라고 하시지 않았는가? 구운 생선 한 토막을 드렸더니 잡수셨다(41-43절). 결국 그 자리도 따지고 보면 식사자리였다. 그 식사자리에서 예수님은 식사하시고 말씀을 가르치셨다(44절). 나중에 갈릴리 호수에서 고기잡이하던 일곱 명의 제자들에게 다시 나타나셨을 때도 예수님은 밤새 고기잡이를 한 제자들이 배고플 테니 생선과 떡을 구워서 식사를 준비해두셨다. 그 식사자리에서 식사하고 말씀하시면서 베드로에게 중요한 사명을 주셨다(요 21:9-17).

이렇게 식탁 교제는 중요하다. 예수님은 세리와 죄인의 친구라는 평가를 받았고, "먹기를 탐하고 포도주를 즐기는 사람"(눅 7:34)이라는 조롱을 당하면서도 포기하지 않은 것이 바로 이 식탁 교제였다. 여러 사람과 수시로 식사하신 기록을 복음서에서 볼 수 있고, 최후의 만찬은 유월절 명절의 식사자리였다. 구원의 관계를 먹고 마시는 것으로 설명하기도 하셨다. "볼지어다. 내가 문 밖에 서서 두드리노니 누구든지 내 음성을 듣고 문을 열면 내가 그에게로 들어가 그와 더불어 먹고 그는 나와 더불어 먹으리라"(계 3:20). 이 식탁 교제가 결국 예수님의 살과 피로 구원을 얻는 그리스도인의 존재와 정체를 표현하는 성찬으로 연결된다.

우리도 부활의 주님을 만나야 한다. 오늘 우리 시대도, 우리 각자도 과거 제자들만큼 예수님의 부활을 믿기 힘든 상황이다. 과학에 대한 막연한 신뢰와 인간 능력에 대한 찬양으로 더욱더 부활의 기적 같은 것은 무시하는 시대가 되었다. 그러나 예수님의 부활을 믿어야 구원의 길에 이른다. 예수님의 십자가 고난과 죽음은 부활사건을 통해 해석되지 않고는 구원의 효력을 발휘하지 못하기 때문이다. 구원받은 자에게 주어진 영생은 바로 예수님처럼 부활하는 것이다. 부활을 믿는 자에게 이런 영생의 효력이 나타난다. 우리가 죽어서, 또 주님이 재림하시면 우리가 그 부활을 경험하게 될 것이다.

이런 부활의 믿음을 위해 두 가지를 할 수 있어야 한다. 하나는 하나님의 말씀을 가르침 받고 마음을 여는 일이다. 처음으로 무덤에 갔던 여인들은 천사의 말씀 특강을 들었고, 엠마오로 가던 두 제자와 사도들과 확대 제자들이 모인 모임에서도 그들 모두는 예수님으로부터 직접 성경에 대한 가르침을 받았다. 오늘날 예수님은 제자들이 말씀을 배울 기회를 열어 놓으신다. 변장하고 오시는 예수님을 주목해야 한다. 일하는 제자들의 출근길과 퇴근길에 예수님이 슬그머니 다가오실 수도 있다. 인생길의 동행자를 주목하라! 엠마오로 가던 두 사람은 모르는 사람에게 말씀을 들었어도 마음이 뜨거워졌다. 예수님인 줄 몰랐는데도 마음이 불타올랐다. 우리는 말씀의 능력을 기억해야 한다. 말씀으로 이 땅에 오신 분, 말씀이 육신이 되어 오신 예수님, 말씀이신 그분에게 우리는 집중해야 한다.

두 번째로 식사자리, 사람들과 교제하는 자리에 집중해야 한다. 엠마오로 가던 두 제자처럼 더 가시려는 주님을 붙들어야 한다. 그냥 간다고 해도 또 붙들어서 식사에 초대하는 것이다.

호의와 대접과 소소한 식사자리의 일상, 그 축복을 누리는 기쁨으로 우리는 주님의 부활을 체험하고 경험할 수 있다. 이 두 가지, 말씀과 식사와 같은 일상(日常)에서 우리도 주님의 부활을 경험할 수 있다.

그런데 예수님은 언제나 제자들과 동행하지 않으셨다. 엠마오 제자들의 집에 들어가서 식사하시다가 제자들이 예수님을 알아채자 홀연히 사라지셨다. 왜 떠나셨을까? 제자들이 행동하게 하기 위해서였다고 생각할 수 있다. 그래서 두 제자는 밤중인데도 다시 10km나 왔던 길을 되돌아 사도들의 모임 장소에 갔다. 그곳에 예수님이 다시 오셨다. 두 제자에게 이런 행동을 요구하신 것이다. 오늘 우리도 이렇게 부활의 주님을 전하러 떠나야 한다. 부활 메시지를 전할 때도 성령의 인도하심을 받으면서 인내해야 한다.

사도들도, 예수님을 만났던 당사자인 제자들도 많은 증언과 증거를 접한 후에야 지독한 불신의 상태를 벗어났다. 오늘 우리 시대 사람들에게는 얼마나 많은 증언과 증인들이 필요하겠는가? 주님의 부활 소식을 실망하거나 용기 잃지 않고 전해야 한다. 우리 모든 일하는 제자는 예수님의 부활 소식을 전하기 위해 밤길을 되짚어 돌아가는 수고도 아끼지 말아야 한다. 부활하신 주님이 우리의 그 용기 있는 발걸음을 축복하실 것이다.

P·A·R·T·3

일하는 제자,
믿음으로 일하다!

'하물며' 믿음으로 염려와 두려움을 극복하라

예수님은 3년의 공생애 기간 동안 같은 말씀, 동일한 설교를 반복하셨을 것이다. 대표적인 것이 마태복음의 산상수훈(마 5-7장)과 비슷한 내용의 말씀을 누가는 평지복음(눅 6:20-49)에 기록하고 있다. 예수님이 한 곳에서만 하신 특별한 설교도 있었겠지만 특히 중요한 말씀은 여러 곳에서 반복하셨을 것이다. 제자들은 그 말씀을 반복해서 다 들었을 것이다. 우리도 일하는 제자로 살아갈 때 예수님이 반복하신 말씀을 잘 들어야 한다.

누가복음 12장을 보면 무리 수만 명이 모였다고 한다(눅 12:1). 그런데 먼저 제자들에게 예수님이 말씀하셨다. 바리새인들의 율법주의와 의식만 중요하게 여기는 외식(外飾)을 조심하라고 하셨다. 그리고 무리 중에 한 사람이 문제제기를 해서 예수님에게 질문을 한 후 그들에게 말씀하셨으니(눅 12:13) 무리에게 하신 말씀이라고 볼 수 있다. 그리고 다시 특별히 제자들에게 말씀하셨다(눅 12:22). 목숨과 육신을 위해 염려하지 말라는 예수님의 말씀(눅 12:22-24)은 예수님이 소수의 제자들에게 하신 말씀이다.

3년간 집중적인 제자수업을 받으면서 제자들은 산상수훈과 비슷한 예수님의 말씀을 몇 번이나 들었을까? 아마도 수십 번은 들었을 것이다. 예수님은 여러 곳에서 반복해서 이 말씀을 하셨을 것이다. 예수님을 따라다녀야 하고 집회의 모든 것을 조율하고 준비하던 제자들은 반복해서 이 말씀을 들었다. 그런데 또 따로 제자들에게 말씀을 하시면서도 예수님은 이 말씀을 반복하셨다. 이런 반복된 훈련이 제자들을 만들었다. 오늘 일터에서 일하는 우리도 마찬가지다. 우리의 가치와 비전에 관한 중요한 이야기는 계속 반복해서 들어야 한다. 그래야 우리 일터도 공동체가 될 수 있고, 한 목적을 향해 우리의 마음을 모아 나갈 수 있다. 일하는 제자는 말씀을 집중적으로 훈련받는 가운데 탄생한다. 이런 제자의 삶을 위해 훈련하는 일이 중요하다는 점을 확인해보자.

세상에서 늘 염려하는 이유는
무엇인가? : 두려움!

〈오! 하나님〉(Oh! God)이라는 희곡이 있다. 오래 전 작품인데 내용을 소개하는 글을 보았다. 이 작품은 하나님이 사람을 창조하신 후 처음엔 옷을 만들어주시지 않고 벗고 살도록 하신 이유를 상상한다. 만약 하나님이 사람에게 옷을 만들어주셨다면 사람들은 그 옷에 주머니를 만들어달라고 요구했을 것이다. 그래서 하나님이 주머니를 만들어주시면 그다음에 사람들은 뭘 요구했을까? 주머니를 돈으로 채워달라고 했을 것이다. 하나님이 그 주머니를 돈으로 채워주시면 그때부터 인간 세상의 모든 문제가 여기저기서 터지게 될 것이기 때문에 옷을 만들어주지 않으셨다는 것이다.

이 희곡이 오늘 현대인들의 관심사를 잘 보여준다. 예수님의 가르침을 참고하면 세상 사람들은 어떤 관심사를 가지고 살아가는가? 어떤 좋은 옷을 입을까, 어떤 맛있는 음식을 먹을까, 얼마나 좋은 집에서 살까? 어떻게 내 가족들이 잘살고 돈 좀 모아서 그럴듯한 노후를 준비할까 고민한다는 것이다.

세상은 염려의 탑 위에 조성되어 있다. 우리는 걱정을 많이 하고 살지 않는가? '염려'는 종교적이다. 사도 바울이 "아무것도 염려하지 말고 다만 모든 일에 기도와 간구"(빌 4:6)를 하라고 강조하는 것을 보면 염려하는 사람은 기도하지 않고 기도하는 사람은 염려하지 않는다. 그런데 세상에서는 염려가 사람들을 성공으로 끌어가는 정서적 연료이고 동인이라는 평가를 받기도 한다. 염려가 역동성을 발휘하게 해서 성공하게 한다는 것이다. 그래서 제한된 시간에 분명한 목표를 가지고 경쟁을 한다. 우리 사회는 공정을 추구한다고 하지만 아직 도처에 불공정한 부분이 많은 일등주의사회이다. 이런 정글 같은 삶의 현장에서 생존하기 위해 불철주야 애쓰는 현대인들은 부단히 염려의 탑을 쌓아 올리고 있다.

전 세계에는 아직도 굶주리는 사람들이 많고, 우리나라에도 그런 사람들이 꽤 있다. 하지만 많은 사람들은 먹고살 만하게 살아갈 수 있게 되었다. 얼마나 맛있는 것을 먹을까 고민은 하지만 보통 먹고사는 문제가 한없이 고달프지는 않은 편이다. 그래서 예수님의 말씀에 별로 공감이 안 될 수도 있다. 그런데 예수님은 가난한 자들이 오늘날보다 훨씬 많았던 시대이고, 하루하루 먹고사는 문제가 삶의 중요한 고민거리였던 사람들이 대다수였던 로마 식민지 유대 땅에서 이렇게 말씀하셨다. "너희 목숨을 위하여 무엇을 먹을까 몸을 위하여 무엇을 입을까 염려하지 말라"(눅 12:22). 예수님이 하시는 이 말씀을 우리는 조금 더 무거운 심정으로 받아들여야 한다.

물론 예수님 시대에도 탐욕을 가지고 땅을 차지하고 재산을 모으려고 하는 사람들이 많이 있었다. 오늘날 전 세계의 상황을 봐도 가난한 나라에도 돈을 많이 가진 사람들도 꽤 있는 것이 보통이다. 그런 사회일수록 빈부의 격차가 매우 심한 경우가 많다. 누가복음 12장의 앞부분에도 보면 유산문제로 다투면서 예수님에게 하소연하는 사람이 있었다. 자기의 형에게 예수님이 말씀해주어서 유산을 동생인 자기와 나눠가지게 해달라고 부탁했다. 예수님이 그 애매한 판결 내리기를 거부하고 하신 말씀이 바로 '어리석은 부자농부'의 비유이다.

예수님의 비유 속 부자 농부의 문제는 바로 탐심(貪心)이라는 것을 알 수 있다(눅 12:15). 예수님이 명확한 교훈을 주셨다. "자기를 위하여 재물을 쌓아 두고 하나님께 대하여 부요하지 못한 자가 이와 같으니라"(눅 12:21). 창고를 지어 곡식을 잔뜩 쌓아 두고 즐겨보자던 부자 농부였다. 그런데 하나님이 그 부자 농부의 영혼을 그날 밤에 불러가셨다. 탐욕이 문제이다. 탐욕은 진정한 가치가 무엇인지 제대로 보지 못하게 한다. 인간의 욕심은 끝이 없다. "조금 더, 조금만 더!" 만족을 모른 채 그들만의 구호를 외쳐댄다.

인간의 욕심은 웬만해서는 멈추지 않는다. 부자 농부처럼 내가 열심히 농사지은 결과 소출이 많았다고 하면 그것을 사람들에게 나누어줄 수 있지 않았겠는가? 싸게 팔아도 수익을 꽤 올릴 수 있다는 생각은 하지 않을까? 그런데도 창고를 헐고 새로

지어서 그 곡식을 잔뜩 쌓아 놓아야겠다고 생각한다는 것이다. 조금 더 비즈니스 마인드로 읽으면 이렇게 창고를 늘리는 것은 이런 의미가 있다고 본다. 곡식이 쌀 때 처분하면 가격을 제대로 받을 수 없다. 그러니 곡식이 쌀 때는 팔지 않고 저장해두었다가 가격이 좋을 때를 기다려 수익을 극대화하겠다는 의도로 보인다. 돈이 있으니 가격이 높아질 때까지 버틸 수 있을 것이고, 결국 제값을 받고 팔 수 있다고 기대할 수 있었다.

이 부자 농부의 생각은 '나, 내가 한 것이고, 내가 잘 먹고 살아야 한다'는 것이었다. 그저 온통 '나' 뿐이다. 부자의 생각과 말을 보면(17-19절) '나'라는 단어가 자주 반복되고 있다. 한글성경에만도 여섯 번이나 '나'를 강조한다. 탐욕의 근원이 바로 '나' 중심이다. 우리가 이 사실을 꼭 기억해야 한다. 나만을 생각하고 탐욕을 부리면 하나님도 온전히 볼 수 없게 된다. 세상도 사람도 제대로 볼 수 없게 되고, 인생의 참다운 가치를 발견하기 어렵다.

그런데 이런 세상 염려의 원인을 예수님이 지적하셨다. "적은 무리여 무서워 말라"(눅 12:32상). 바로 '두려움'이다. 22절부터 시작해서 길게 염려와 걱정에 대해 교훈하시며 예수님은 이제 결론과 대안을 내세우면서 요약하셨다. "세상 속에서 다수가 아닌 적은 무리여 무서워 말라." 우린 소수이니 더 두렵게 느낄 수 있다. 이런 우리의 약점과 부족함을 해결할 수 있는 방법은 무엇인가? 예수님의 이어지는 말씀 속에서 확인할 수 있다.

'하물며' 믿음으로
염려를 극복하라

목숨을 위해서나 몸을 위해서 염려하지 말라고 하는 예수님이 이렇게 말씀하셨다. "목숨이 음식보다 중하고 몸이 의복보다 중하니라"(눅 12:23). 도대체 무엇이 중요한지 잘 찾아야 한다. 그런데 그 방법이 비교(比較)라는 점에 주목해야 한다. 무엇보다 무엇이 중요한지 잘 비교해서 판단하면 된다. 우리는 먹을 것을 먹지 않으면 죽는다. 그래서 당연하게도 먹을 것을 걱정하는데, 따지고 보면 생명을 주관하시는 분은 하나님이시다. 옷을 안 입고 제대로 못 입으면 사람답게 살기 힘들다. 그래서 입을 것을 걱정하는데 우리 몸을 주관하시는 분도 하나님이시다. 몸이 있고 생명이 있어야 밥이나 옷도 필요하다는 논리이다.

이렇게 중요한 것을 먼저 찾으면 염려하지 않을 수 있다는 말씀이다. 예수님은 두 가지 선명한 사물을 설교의 재료로 가져오셨다. 바로 까마귀와 백합화이다. 먼저 까마귀는 꽤 덩치가 큰 새이다. 그런데 그 새가 농사도 안 짓고 창고도 없는데 굶어죽지 않고 번식해서 잘산다. 하나님이 돌봐주셨기 때문이다.

또 백합화는 아네모네라고 불리는 붉은색 꽃인데, 이 꽃은 길쌈이나 옷 만들기를 전혀 하지 않는다. 그런데 솔로몬 왕의 찬란한 영화로도 들에 널린 백합화를 따라갈 수 없다는 것이다. 그 하찮아 보이는 들꽃도 하나님이 멋지게 입혀주신다. 이 두 가지의 설교 소재 언급 뒤에 따라오는 예수님의 말씀에 우리가 주목해야 한다. "너희는 새보다 얼마나 더 귀하냐"(눅 12:24). "하물며 너희일까보냐. 믿음이 작은 자들아"(눅 12:28). 새들도 돌보시고 들풀도 돌보시는 하나님이신데, 하물며 우리를 먹이고 입히지 못하실 것이라고 생각하면 그것은 믿음이 작은 것이다. 여기서 우리는 '하물며'라는 부사를 잘 파악해야 한다. '하물며'는 앞의 내용보다 뒤의 내용을 더 강하게 긍정할 때 사용한다. 앞에 말하는 것보다 뒤에 말하는 것에 강조점이 있다. 예수님의 이 말씀을 우리가 잘 분석해서 이해하면 우리 믿음을 점검해서 성장시킬 수 있다.

'하물며 믿음'은 비교를 하는 것인데, 위를 보고 비교하지 않는다. 나를 중심으로 비교하는데 내가 비교하는 대상을 높이 잡으면 안 된다. 그런데 우리는 주로 위를 보고 비교하곤 한다는 말이다. 동창회에 가서는 비교를 많이 한다. "나보다 공부를 못하던 친구가 이번에 얼마를 벌었다더라." "상여금을 얼마나 받았다더라." "주식에서 대박을 쳤다더라." "우리 옆집은 어떤 좋은 승용차를 샀는데, 어디 해외로 휴가를 가는데, 아이들은 어떤 비싼 과외를 하는데, 어떤 좋은 대학에 들어가고 좋은 직장에 갔다더라…." 이렇게 비교하면 끝이 없다.

그런데 '하물며'가 들어간 우리의 진짜 비교는 앞이 이런 것이어야 한다. 들새인 까마귀, 들꽃인 백합화 같은 것들이다. 물론 먹고사는 문제에 있어서 까마귀하고 사람인 우리는 비교가 되지 않는다. 입고 사는 문제에 있어서 들꽃 한 송이는 나의 옷과 비교가 안 된다. 까마귀나 백합화나 하나님이 돌보시고 치장해서 대단하다 하셨지만 예수님의 강조는 그것이 아니셨다. 바로 하물며 뒤의 "너희일까보냐"에 달려 있다. "그런 하찮은 것들도 그렇게 신경 써서 돌봐주시는데 너희는 돌봐주지 않으시겠냐?"라는 강조를 담고 있다.

그럼 이렇게 하나님이 우리를 돌봐주시는 이유가 무엇인가? "하물며 너희를 먹이고 입혀주시지 않겠느냐?" 예수님이 이렇게 단정적으로 강조해서 말씀하실 수 있는 근거는 어디에 있는가? 먼저 까마귀를 기르시는 분은 '하나님'이시다. 백합화를 돌보시는 분도 역시 '하나님'이시다. 그러면 우리를 먹이고 입혀주시는 분은 누구인가? "너희 아버지"(눅 12:30,32). 그렇다. 우리 아버지인 하나님이시다.

우리는 온 세상을 만드신 분, 온 세상 부동산의 실제 소유주이신 하나님의 아들딸들이다. 하나님을 아버지라고 부르는 것은 대단한 특권이다. 하나님의 아들이 예수님이시다. 그럼 우리도 하나님의 자녀이면 예수님이 우리 형님이고 오빠가 아닌가? 거룩한 한 가족으로 부모–자식 간의 관계를 보여주는 것이다.

이 사실이 바로 우리 믿음의 근거이다. 이 믿음을 '하물며' 믿음이라고 말할 수 있을까? '하물며'는 앞의 것보다 뒤의 것에 더 강조가 있으니 앞에 좋은 것을 두지 말아야 한다. 이것이 하나님의 비교법이다. 비교를 하더라도 우리는 하나님의 비교법으로 비교해야 한다. "저 사람은 어떻게 나보다 저렇게도 많은 돈과 명예와 능력과 건강과 인생의 자원들을 가지고 있을까?" "도대체 하나님은 나를 어떻게 만드신 것인가?" 이것은 한 달란트 받았던 사람의 넋두리이다. 한 달란트 받았던 종은 다섯 달란트 받은 사람과 두 달란트 받은 사람을 앞에 두었기에 '하물며'를 제대로 사용할 수 없었다.

한 달란트 받은 사람이 어떻게 하물며 믿음을 적용했어야 하는가? "나보다 적게 받은 반 달란트 받은 사람도, 3분의 1달란트 받은 사람도 하나님이 재능대로 달란트를 주셨다. 그래서 그들도 곧 바로 가서 장사한다. 하물며 한 달란트 받은 내가 달란트를 땅 속에 묻어두면 되겠는가? 열심히 일하자!" 이랬어야 정상이다. 만약 그랬으면 마태복음 25장이 우리가 보는 내용이 아니고 아마도 대폭 수정해서 써야 했을 것이다.

비교의식은 열등감을 유발하는 나쁜 생각이다. 우리는 절대 비교하지 말아야 한다. 시선을 높은 곳에 두지 마라. 세상에는 고급문화가 있고 귀족 같은 사람들의 세계가 있다. 속은 썩었거나 말거나 겉으로 그런 허세와 유난을 떠는 사람들도 있다. 그런데 우리는 아래를 봐야 한다. 생활수준에 있어서 그렇다는 것이다. 상류층의 라이프스타일을 따라가려고 하면 끝이 없다. 열심히 노력해서 선망하던 그 수준에 이르면 또 더 위에 사는 사람들이 가진 것이 눈에 들어온다. 이렇게 위를 보면 감사가 나오지 않는다. 아래를 보라. 어렵고 힘들게 사는 사람들을 생각하며 살면 복된 삶을 살 수 있다. 그러면 인생이 복되다. 감사하게 된다.

우리는 없는 것보다 있는 것을 먼저 봐야 한다. 어려운 상황에 처하면 이런 '하물며 믿음'이 이해된다. 병이 나서 입원을 하고 아파 보면 "아, 건강이 얼마나 귀한 것인가!"라고 감사하게 된다. 정전이 되면 전기가 얼마나 고마운지 느끼게 된다. "아, 왜 정전이야!"라고 짜증을 내는 사람이 더 많지만 없어 보면 있는 것이 얼마나 고마운지 알게 된다.

또한 우리는 시간적인 비교를 할 때도 앞보다는 뒤를 돌아봐야 한다. 옛날 생각을 하자는 것이다. 진취적인 사람은 앞날의 장밋빛 탄탄대로 타령만 하면서 현실에 대해서는 불평하는 사람이 아니다. 옛날에 얼마나 힘들었고, 가난해도 아름다웠으며, 서로 아끼며 살았는가 생각해보면서 오늘을 감사할 수 있다.

'우리 하나님'을 인식하며
하나님의 나라를 세워가라

　　　　　더구나 예수님이 "'너희' 아버지"라고 하신 말씀
에 우리는 주목해야 한다. 내가 아니라 우리이다. 나를 너무 좋
아하면 안 된다. 우리는 '나'를 강조하던 부자의 탐욕을 경계로
삼아야 한다. '우리'라는 공동체가 중요하다. 하나님이 그것을
원하신다. 제자들의 공동체는 하나의 주 예수님을 사랑하고 서
로 사랑하는 사람들의 모임이다.

　생각해보라. '빈곤'의 반대말은 무엇일까? 아프리카나 세계
여러 나라에 만연한 가뭄과 오랜 전쟁으로 인한 기아문제 해결
을 위해 구호단체들에서 많은 식량으로 원조하고 물량을 투입
한다고 한다. 그런데 잘 안 된다는 것이 문제이다. 왜 그런가?
관리들의 부패, 반군의 탈취 등의 요인으로 곤란한 상황이 자주
발생한다. 지난 2004년 인도네시아 수마트라 섬에서 발생한 쓰
나미로 인도네시아와 주변 여러 나라들에 긴급 구호를 하던 때
한 스리랑카 선교사님에게 이야기를 들었다. 구호물품을 요청
해서 공항에서 통관을 거쳐 구호를 해야 하는데 공항에서 일하
는 사람들이 그 구호품을 내주지 않았다는 것이다. 자기 나라의
어려움을 겪는 사람들을 위해 급하게 구호하려고 지원하는 물
품인데 뇌물을 받아먹으려고 안 내주는 걸 보고 정말 절망스러

웠다는 이야기를 들었다. 오늘 우리 사회도 정도의 차이는 있어도 비슷하지 않은가?

　기독교계 라디오방송의 대담 프로그램에서 들었는데 빈곤의 반대말은 부유함이나 풍요함이 아니라 '공동체'라고 한다. 억지로 돈만 많이 가져다준다고 빈곤문제가 해결되지 않는다. 한 신학자는 공동체가 빈곤의 문제를 근본적으로 해결할 수 있다고 말했다는데 공감이 되었다. 공동체가 우리의 희망이다. 이런 공동체가 바로 예수님이 말씀하신 천국이다.

　우리는 인류의 염려와 두려움을 낳는 빈곤의 문제를 해결할 공동체를 만들어갈 수 있다. 그것을 위해서 예수님이 말씀하신다. 하나님이 하나님의 나라를, 바로 우리를 통해 세워가기를 원하신다. 그것을 기뻐하신다. 그렇게 하라고 하신다. "적은 무리여 무서워 말라. 너희 아버지께서 그 나라를 너희에게 주시기를 기뻐하시느니라"(눅 12:32).

　우리의 아버지 하나님이 그분의 나라를 우리에게 주신다. 이것은 하나님이 우리의 구원을 위해 아들을 이 땅에 보내시고 죽임당해 구속사역을 감당하게 하신 것을 말한다(요 3:16, 롬 5:6, 8:32). 그래서 우리는 하나님을 아버지라고 부른다. 이것이 우리 일하는 제자들과 세상 사람들 간에 근본적으로 차이가 나는 정체성이다. 구원받은 우리는 세상에서 하나님의 나라를 세워나가야 한다.

이어서 예수님은 구체적으로 우리가 하나님의 나라를 세우는 방법을 설명하신다. "너희 소유를 팔아 구제하여 낡아지지 아니하는 배낭을 만들라. 곧 하늘에 둔 바 다함이 없는 보물이니 거기는 도둑도 가까이 하는 일이 없고 좀도 먹는 일이 없느니라. 너희 보물 있는 곳에는 너희 마음도 있으리라"(눅 12:33-34). 낡아지지 않는 배낭을 만드는 것은 무엇을 말하는가? 우리의 소유를 팔아 구제하라고 한다. 그러면 그것이 하늘에 보물을 쌓는 것이다. 바로 내가 가진 것을 나누어 공동체가 되는 것이다.

하나님의 나라를 세우는 우리 일하는 제자들은 작은 부분부터 욕심을 줄여가야 한다. 하나님의 나라를 위한 근본적인 고민을 하면서 우리의 삶을 돌아볼 수 있어야 한다. 비교의식은 도움될 것이 없는 경우가 많지만 '하물며'라고 비교하는 것을 오늘 예수님에게 배울 수 있다. 사람들이 별로 관심을 갖지 않는 들새인 까마귀도 하나님이 다 돌봐주시는데 '하물며' 하나님의 자녀인 우리가 먹고사는 일을 걱정하면 되겠는가? 들의 풀과 꽃도 하나님이 다 입히시고 나름의 영광을 얻게 하는데 '하물며' 하나님의 자녀인 우리를 헐벗고 춥게 하시겠는가? 나의 인격과 품격을 유지하지 못하게 하시겠는가?

우리를 자녀로 삼아주신 하나님에게 감사하면서 우리는 하나님의 나라를 우선순위에 두며 살아가야 한다. 하나님, 우리의

'아버지'에 대해 관심을 가지면 의식주에 대한 관심보다 하나님 나라의 의를 실천할 수 있다. 두 손을 벌리고 "좀 더, 조금만 더!"라는 구호를 외치는 세상을 보고 부러워하지 마라. 욕심을 포기해야 한다. 우리가 가진 돈으로, 힘으로, 지식으로, 건강으로, 우리 인생의 자원으로 세상의 힘든 사람들을 섬길 수 있어야 한다. 그래서 공동체를 이루는 것이다. 교회 공동체와 같은 아름다움을 간직한 공동체를 가정에서도 세우고 일터에서도 세울 수 있다. 보다 범위를 넓혀 하나님이 사랑하신 세상의 공동체를 가꾸어 나가면 우리는 하나님의 나라를 바람직하게 세울 수 있다. 이렇게 '하물며' 믿음으로 세상의 염려와 두려움을 극복하고, 하나님의 나라를 세우는 귀한 일을 감당할 수 있어야 한다.

말씀을 듣고 지켜
믿음의 열매를 맺으라

말장난 같지만 '죽은 믿음'이라는 것이 있을까? 믿음을 살았다
거나 죽었다고 표현하는 것이 애매하긴 하지만 성경 속의 표현
을 떠올려보면 해답을 찾을 수 있다. 사도 야고보는 야고보서에
서 "행함이 없는 믿음은 그 자체가 죽은 것이라"(약 2:17)고 말
한다. 그러니 '죽은 믿음'이 있다는 것이다. 그러면 죽은 믿음은
어떤 것인가? 야고보는 죽은 믿음에 대해서 이렇게 비유를 한
다. "영혼 없는 몸이 죽은 것같이 행함이 없는 믿음은 죽은 것이
니라"(약 2;26). 사람은 몸과 영혼이 함께 있어야 하는데, 영혼
이 떠나고 몸만 남은 사람도 사람이긴 하다. 그런데 '죽은 사

람'이라고 표현한다. 그렇다면 '죽은 믿음'이라는 표현이 이해가 된다. 본래 믿음은 행함과 함께 있어야 참 믿음이자 '산 믿음'인데, 믿음에 행함이 빠지면 시체처럼 '죽은 믿음'이 되는 것이다.

사람의 구원과 삶에 있어서 믿음이 중요하기 때문에 성경에서는 믿음에 대해 세분화하여 좀 복잡한 듯이 설명하는 것 같다. 명쾌한 분류는 아닐 수 있어도 이렇게 정리할 수 있다. 믿음에 대해서 우리가 판단을 해야 하는데, 두 가지로 가능하다. 믿음의 진위가 첫째이다. 참 믿음과 가짜 믿음이 있다. 이 진위는 복음의 핵심이다. 의롭다 칭함 받았는지 확인하는 것이다. 사도 바울은 "복음에는 하나님의 의가 나타나서 믿음으로 믿음에 이르게 하나니 기록된 바 오직 의인은 믿음으로 말미암아 살리라 함과 같으니라"(롬 1:17)고 정의한다. 믿음으로 믿음에 이르게 한다는 말에서 앞의 믿음이 바로 칭의(稱義)를 가리키는 것이다. 예수님을 구원주로 믿는 믿음이 분명하지 않으면 그것은 가짜 믿음이다. 구원받을 수 없으니 믿음이라고 말할 수도 없다. 이렇게 진위 여부를 가리는 명쾌한 믿음의 구분이 있다.

두 번째 믿음의 분류는 믿음의 수준에 관한 것이다. 바로 야고보서에서 말한 대로 산 믿음과 죽은 믿음으로 나눌 수 있는데, 이것은 성화(聖化)와 관계가 있다. 죽은 믿음이란 칭의는 받았는데 아직 성화가 되지 않은 믿음을 말한다. 물론 가짜 믿음은 아니다. 구원은 받은 것이다. 그러나 성화에서 아직 덜 성숙한 믿음의 수준을 말한다. 거룩함에 이르는 믿음의 수준이 있음을 인정하고 믿음의 성숙을 위해 노력해야 한다.

한 사람에게 있어서도 믿음의 수준은 연륜이나 경험에 따라 차이가 있다. 아브라함의 믿음 수준을 생각해보자. 영광 가운데 나타난 하나님의 말씀을 따라 고향을 떠났지만 목숨을 구하기 위해 거짓말을 하고 아내를 팔아먹는 그런 믿음의 수준인 시절이 아브라함에게 있었다. 그러다가 아브라함은 하나님을 경험하고 여러 사건들을 겪으며 믿음이 성장해서 독자 아들 이삭을 하나님의 말씀을 따라 제물로 바치려고 했다. 그 아이를 통해 후손을 주겠다고 하나님이 약속하셨으면 만약 그 아이가 죽더라도 하나님이 살리실 것이라는 부활의 믿음을 가지고 있었던 것이다. 모리아산에서 아브라함은 살아 있는 수준 높은 믿음을 보여주었다.

누가복음 8장 4~15절에 나오는 예수님의 비유 말씀 속에서 이런 칭의와 성화와 관련된 믿음의 문제를 생각해볼 수 있다. 예수님은 네 가지 단계가 있는 한 편의 이야기를 하시고, 그 이야기를 친히 해석해주셨다. 그래서 우리는 예수님의 이야기 구조 속으로 들어가면 일하는 제자에게 필요한 믿음에 대해 배울 수 있다.

말씀을 듣기는 다 듣는
네 부류의 사람들

요즘 우리나라에서 곡식이나 채소를 재배하는 것을 보면 모종을 심는 경우가 많다. 쌀도 모판에서 모를 길러 모내기를 하고 고추도 모종을 심고 무나 배추도 모종을 밭에 옮겨 심는다. 그런데 예수님 당시의 농사는 주로 밭에 씨를 뿌려 곡식을 재배했다. 예수님 당시뿐만 아니라 밀레의 〈씨 뿌리는 사람〉이라는 유명한 미술 작품을 봐도 밀을 주로 파종하던 유럽에서는 씨를 뿌리는 농사를 주로 지었다.

예수님 당시 유대 땅에서는 쟁기질을 해서 파헤친 밭에 밀이나 보리의 씨를 뿌렸다. 그리고 괭이 같은 것으로 흙을 긁어 씨를 덮었다. 자루나 그릇에 담긴 씨앗을 농부가 뿌리면 한 사람이 따라가면서 씨앗을 덮었다고 한다. 그런데 당시 팔레스타인에는 좁고 긴 모양의 밭이 많았다. 밭 중간에는 길이 놓여 있었다. 사람들이 밟고 지나다니다 보니 길이 되기도 했다. 또한 팔레스타인 땅은 토질의 특성상 비옥한 땅보다는 척박한 땅이 많았다. 돌도 많은 편이었고, 야트막한 야산을 개간하는 경우도 있었다. 이런 성경시대의 농사 환경을 우리가 염두에 두고 예수님의 말씀을 들어야 한다.

농부가 밭에 씨를 뿌렸을 때 네 가지 경우로 씨앗의 운명이 달라졌다. 길가에 뿌려진 씨앗들이 있었다. 물론 길 쪽으로는 뿌리지 않으려고 노력하면서 씨를 뿌렸을 것이다. 그런데 조심해서 뿌려도 날아가거나 실수로도 길가에 뿌려질 수밖에 없었다. 더구나 밭 사이에 난 좁은 길이라면 그곳에 떨어지는 씨앗을 어쩔 수 없었을 것이다. 그럼 그 씨앗들은 어떻게 되는가? 말라버리거나 사람들에게 밟힐 것이다. 새들이 날름 먹어버리기도 했다.

두 번째의 경우는 바위 위에 떨어졌다고 한다. 밭을 조성하면서 흙 아래에 군데군데 꽤 넓은 바위가 있고 그것을 빼낼 수도 없어서 그 부분은 흙이 얇은 곳이 된다. 그 돌밭에 뿌려진 씨는 더 빨리 싹이 나긴 했으나 수분이 부족해 곧 말라버리고 말았다.

세 번째 경우는 좋은 땅에 뿌려진 것 같은데 가시나무로 인해 방해를 받는 씨앗이 있었다. 가시나무의 뿌리가 밭에 남아 있는 경우가 있었고, 가시나무의 씨앗이 날아와 밭에서 함께 발아해서 곡식과 함께 자라는 경우도 있었다. 보통 잡초가 곡식보다 먼저 자라 무성해져서 곡식의 성장을 막는다. 또 밭의 경계로 심어놓은 밭 가장자리의 가시나무 울타리가 있을 수도 있었다. 그 근처나 밑에 씨가 뿌려졌을 경우에는 곡식이 발아해도 그 가시 때문에 제대로 못 자라고 열매를 맺기도 힘든 것이다.

마지막 경우는 좋은 땅에 씨앗이 떨어져서 잘 자라는 경우이다. 아마도 많은 씨앗이 이런 옥토에 떨어질 것이다. 실제로 농사를 지을 때는 이 네 번째, 좋은 땅에 떨어지는 씨앗이 가장 많았을 것이다. 그런데 선택지가 네 개이다 보니 좋은 땅에 떨어진 씨앗이 얼마 안 되는 것 같은 느낌을 받을 수 있다. 그러나 예수님 말씀의 핵심은 바로 이 좋은 땅에 떨어진 씨앗에 있다. 좋은 땅에 떨어진 씨앗은 착하고 좋은 마음으로 말씀을 듣고 지켜 인내로 결실하는 자를 뜻한다고(눅 8:15) 결론적으로 말씀하셨다.

이 네 종류의 밭에 떨어진 씨앗들을 살펴보면 공통점 하나를 찾을 수 있다. 밭에 뿌려졌다는 점에서 공통점이 있다. 더 이상 씨앗이 담긴 통에 들어 있지 않고 통 밖으로 나왔다는 것이다. 이것은 어떤 뜻인가 하면 "말씀을 들었다"는 공통점을 의미한다. 예수님이 비유를 친히 해석하시는데, 네 종류의 씨앗에 대해 다 "말씀을 들었다"는 언급을 차례대로 하셨다. "말씀을 들은 자니"(눅 8:12), "말씀을 들을 때에"(눅 8:13), "말씀을 들은 자이나"(눅 8:14), "말씀을 듣고"(눅 8:15).

네 경우 다 말씀을 들었다는 것은 오늘 우리 시대의 사람들이 살아가면서 경험하는 상황을 표현해주기도 한다. 오지에 사는 사람들이나 막힌 시스템의 공산권과 이슬람권 사람들이 아니라면 오늘날 세상에 사는 사람들은 말씀을 들을 수 있는 기회가 많다. 다양한 상황이지만 공통적으로 말씀을 들을 기회가 있다는 점을 네 종류 씨앗으로 묘사되는 각 사람들이 말씀을 들었다는 표현이 강조하고 있다.

그런데 이렇게 누구에게나 말씀 청취의 기회가 열려 있는 것 같으나 이 말씀에는 양면성이 있다. 예수님이 말씀하신다. "하나님 나라의 비밀을 아는 것이 너희에게는 허락되었으나 다른 사람에게는 비유로 하나니 이는 그들로 보아도 보지 못하고 들어도 깨닫지 못하게 하려 함이라"(눅 8:10). '비유'라는 독특한 형태의 말로 표현된 말씀은 모든 사람이 다 쉽게 이해하는 것은 아니다. 말씀을 다 듣는 것 같아도 사실은 특정한 사람들에게만 허락되었다. 보거나 들어도 깨닫지 못하는 사람들도 있는데 그렇게 깨닫지 못하도록 의도했다는 것이다. 세상의 모든 사람이 말씀은 들어도 다 구원받는 것은 아닌 제한된 구원에 관한 비밀이 예수님의 비유 속에 담겨 있다.

그러나 그 사람들이 다
믿음을 가진 것은 아니다

그러면 그리스도의 말씀을 들으면 믿음이 생긴다는 로마서 10장 17절 말씀에 근거해서 이제 말씀을 들은 네 경우에 대해 구원받은 여부, 다시 말해 칭의의 경험을 한 것인가 상상하고 추정해볼 수 있다.

먼저 길가에 뿌려진 씨앗은 구원받은 사람들을 표현하는 것인가? 아마도 아닌 것 같다. 말씀을 듣긴 들었는데 믿어 구원을 얻지 못하게 하려고 마귀가 말씀을 그 마음에서 빼앗았다고 한다(12절). 설교를 오래 듣고 말씀을 읽고 교회생활을 오래 해도 이렇게 말씀을 그 마음에서 빼앗기면 구원받을 수 없다는 것을 보여준다.

이런 사람들이 있다. 누가복음 4장에 보면 예수님이 자라나신 나사렛의 회당에서 예수님이 이사야의 예언서를 인용하며 설교하시는 장면이 나온다. 그런데 나사렛 사람들은 주의 성령이 임해 가난한 자에게 복음을 전하게 하시려고 기름을 부으시고 은혜의 해를 전파하게 하려 하신다는 말씀을 달갑지 않게 여겼다. 배척하는 그들을 예수님이 지적하시자 예수님을 동네 밖으로 쫓아내고 산 낭떠러지에서 밀쳐 떨어뜨리려고 했다(눅 4:16-30). 이런 나사렛 사람들이 바로 길 가에 떨어진 씨앗과 같다. 또 예수님을 초대한 바리새인 시몬이나 그 집에 식사하러 왔던 사람들도 예수님의 말씀에는 관심이 없고 예수님과 거리를 두려고 노력하는 모습을 볼 수 있다(눅 7:36-50 참조).

두 번째로 바위 위에 뿌려진 씨앗은 구원받은 사람을 표현하는가? 그들은 말씀을 들을 때에 기쁨으로 받았다고 한다. 흙 아래에 바위가 있어서 흙이 깊지 못하니 싹이 오히려 빨리 텄다. 그런 것처럼 이 사람들은 말씀을 듣고 즉각적인 반응을 한다.

감정적인 반응이다. 이런 사람들은 구원받은 경우가 많다고 본다. 그들의 반응을 보고 100% 확정적으로 구원받았다고 말하긴 어렵지만 그렇게 볼 수 있다. 한 예로 영화 〈밀양〉에 나오는 신애라는 여주인공을 생각해볼 수 있다. 신애는 외아들을 잃은 큰 슬픔에 빠졌다가 교회에서 여는 상처 입은 영혼을 위한 기도회에 참석한다. 거기서 슬픔을 치유받고 믿음을 갖게 되는 장면이 나온다. 이후 열심을 내며 신앙생활을 하는 초신자의 모습을 보여준다. 자기가 만난 예수님이 너무나 좋은 것이다. 그 마음을 주체할 수가 없다. 공중에 붕 뜬 것 같은 삶을 산다. 보기에 따라 다르게 평가할 수 있겠지만 나는 신애가 회심했고 칭의를 경험했다고 생각한다.

그런데 바위 위에 뿌려진 씨앗은 뿌리가 깊지 않기에 어려움이 올 때 극복하기가 힘들다. 영화 〈밀양〉에서도 신애는 믿음의 열정이 생겨서 자신이 직접 용서하기 위해 아들을 죽인 살인자를 찾아갔다. 그런데 교도소에 있는 살인자가 이미 자신은 하나님에게 용서를 받았다면서 신애 앞에서는 아무런 양심의 가책도 느끼지 않는 것이다. 잘못했다고 용서를 구하지도 않았고, 눈물은 고사하고 신애가 하나님을 만났으니 고맙다고, 신애를 위해 기도하고 있었다고 말했다. 그 말을 들은 신애가 큰 정신적인 충격을 받았다. 그리고 일종의 배교한 사람의 낙심과 절망을 온몸으로 표현했다. 신애는 어려움이 찾아왔을 때 그 시험을 극복할 신앙의 깊이가 부족했던 것, 즉 바위 위에 뿌려진 씨앗이었다.

세 번째, 가시떨기에 떨어진 씨앗은 구원받은 사람을 표현하는가? 씨앗이 싹이 터서 일정한 크기까지 자라는 데 아무런 문제가 없었다. 그런데 시간이 더 흐르자 어려움이 생겼다. 두 번째의 경우인 바위 위에 떨어진 씨앗은 외부적인 어려움이라면 이 가시떨기에 떨어진 씨앗은 내적인 어려움을 내포하고 있다. 예수님은 "이생의 염려와 재물과 향락"(눅 8:14)에 기운이 막혀 좌절하는 경우라고 해석하셨다. 바로 탐욕이다. 이 부분에 대해 예수님이 산상수훈에서 하나님과 재물을 동시에 섬기지 못한다고 명쾌하게 해답을 제시하셨다(마 6:24).

가시덤불이 다 뽑혀 나간 것으로 알았으나 뿌리가 남아서 그것이 자라 어려움이 올 수 있다. 우리 안에도 이런 못된 가시덤불이 자랄 수 있다. 하나님의 나라와 하나님의 의보다 앞세우는 우리의 자랑과 욕망이 문제이다. 그런 유혹들을 이겨내야 한다. 이 가시떨기에 떨어진 씨앗은 구원받아 신앙생활을 하지만 결국 세상 욕심에 노출되고 이겨내지 못한 세속적인 그리스도인을 표현한다. 성숙한 신앙, 성화(聖化)의 단계까지 이르지 못한 안타까운 크리스천을 묘사한다. 이들 역시 제자의 참된 믿음을 가진 것은 아니다.

이런 크리스천들의 사례는 많다. 오늘 한국교회가 돈, 섹스,

권력이라는 사탄의 손아귀에 사로잡혀 있는 모습이 바로 이 가시떨기에 떨어진 씨앗을 표현해준다. 하나님의 준엄한 지적만이 문제가 아니다. 오히려 더 심각한 점은 세상의 비난을 당하고 있다는 것이다. 그래서 하나님의 이름을 욕되게 하고 있는 것이 오늘 한국교회의 심각한 문제이다.

마지막 네 번째는 바로 좋은 땅에 떨어진 씨앗이다. 좋은 땅에 떨어진 씨앗은 백배의 결실을 맺는다고 한다. 어떤 모습인지 예수님이 말씀해주셨다. "좋은 땅에 있다는 것은 착하고 좋은 마음으로 말씀을 듣고 지키어 인내로 결실하는 자니라"(눅 8:15).

말씀을 듣고 지키며
인내로 열매 맺는 믿음

이 좋은 땅에 떨어진 씨앗을 살펴보면 바로 칭의의 믿음과 성화의 믿음을 다 갖춘 참 믿음의 사람을 발견할 수 있다. 이 사람은 칭의에 있어서 진짜 믿음인 것은 말할 것도 없고, 성화의 과정에 있어서 죽은 믿음이 아니라 살아 있는 믿음의 모습을 보여준다. 잘못된 믿음들을 자세히 살펴봤는데 그것들보다 더 자세하고 정확하게 좋은 땅에 떨어진 씨앗에 대해 잘 해석하여 본받기 위해 노력해야 한다.

좋은 땅에 떨어진 씨앗은 어떤 사람을 말하는가? 말씀을 듣는데 착하고 좋은 마음으로 듣는다고 한다. 이것은 어떤 마음 자세를 말하는 것일까? '착하다' '좋다'라는 말은 뜻이 비슷하고 반복해서 강조하는 의미가 있는 것 같다. 말씀을 듣고 말씀을 수용하는 태도가 좋은 것을 뜻한다. 성경에서 한 예를 찾아볼 수 있다. "베뢰아에 있는 사람들은 데살로니가에 있는 사람들보다 더 너그러워서 간절한 마음으로 말씀을 받고 이것이 그러한가 하여 날마다 성경을 상고하므로 그중에 믿는 사람이 많고 또 헬라의 귀부인과 남자가 적지 아니하나"(행 17:11-12).

베뢰아 사람들은 말씀을 잘 받았고, 너그럽고 간절한 마음을 가지고 있었다고 한다. 바로 이런 자세가 말씀을 잘 받는 자세이다. 너그럽다는 것은 '열린 마음'을 말하는 것이다. 마음이 열리지 않으면 아무리 좋은 이야기를 들어도 믿어지지 않는다. 이 사람들은 "그저 나는 마음이 열려 있다, 나는 수용성이 대단하다"라며 뻐기는 것이 아니었다. 이 사람들의 특징적인 자세가 있었다. 자기들이 들은 말씀이 그런가, 아닌가 하여 날마다 성경을 상고(詳考)했다고 한다(행 17:11). 꼼꼼하게 따져서 깊이 생각하고 공부하여 파헤치고 질문했다는 것이다.

말씀을 잘 받는 자세는 그저 들은 말씀이 옳다고 생각하고 성경은 덮어두는 태도가 아니다. "아멘, 아멘"하고 추임새만 넣으면 끝나는 것이 아니다. 이게 과연 그런가, 아닌가를 확인하며 공부하고 검증하는 자세가 필요하다. 그건 의심하는 것이니 착한 마음이 아니라는 생각이 드는가? 그런데 아니다. 베뢰아 사람들과 같은 이런 자세가 바로 말씀에 대해서 열린 자세이고 바람직한 태도이다.

사도 바울은 마음을 열고 말씀을 연구한 사람들에게 어떤 열매가 맺혔는가? 베뢰아 사람들 중에 믿는 사람들이 많았다고 기록한다(행 17:12). 당시에 바울이 마게도냐 지방에 가서 전도를 했어도 헬라 사회의 귀부인들이나 신분이 높은 남자들이 회심한 경우는 많지 않았던 것 같다. 그런데 베뢰아에서는 그런 사람들이 적지 않게 예수님을 믿는 놀라운 일이 일어났다. 이렇게 옥토(沃土)는 만드는 것이다. 말씀에 대한 착한 마음, 좋은 마음이 복음의 놀라운 열매를 맺게 한다. 우리도 옥토를 만들어 가야 한다. 신앙이 성숙할수록 수용성이 좋고 말씀을 받아들이는 태도가 좋아진다.

이런 예가 누가복음에도 많이 나온다. 하나님의 말씀을 잘 받았던 사람들이 누구인가? 누가복음 7장에 나오는 백부장과 같은 사람이다. 말씀만으로 자기 종의 중병이 나을 수 있다고 믿는 믿음이 그에게 있었다. 예수님의 말씀을 사실 그대로 믿는 믿음이었다. 바리새인 시몬의 집에서 예수님에게 향유를 부은 이름 모를 여인은 어떤가? 예수님의 말씀을 듣고 회심한 여인은 자신이 받은 용서와 예수님을 향한 사랑을 자신의 모든 것으로 표현했다(눅 7:36-50). 또 레위라는 이름의 세리(마태)도 예수님의 "나를 따르라"는 말씀을 듣고 세관을 떠나 예수님을 따랐다. 다시 만나기 힘든 자기 동료들을 초청해서 예수님을 모시고 멋진 말씀의 전도 잔치인 '매튜 파티'를 열기도 했다. 이렇게 마태도 예수님의 말씀을 듣고 떳떳하지 못한 자기 직업을 포기하고 예수님을 따랐다. 이렇게 좋은 땅에 떨어진 씨앗과 같은 삶을 사는 사람들을 누가복음에서 입증하고 있다.

그러면 들은 말씀을 어떻게 해야 하는가? 예수님이 말씀하셨으니 지켜야 한다(눅 7:15). 들은 말씀대로 행동해야 한다는 것이다. 앞의 세 가지 씨앗의 경우에는 이것이 없었다. 말씀을 듣기는 공통적으로 다 했다. 회심한 경우도 있었다. 그런데 그들은 말씀을 지키는 일을 하지 않았다. 행동을 제대로 하지 않으니 성화의 단계에서 성장하지 못하는 것이다. 거룩하게 되려면 행동해야 한다. 말씀대로 살아야 한다.

오늘 우리에게 부족한 점이 바로 이것이다. 그동안 한국교회는 구원에 대해서 칭의만 주로 강조해왔다. 믿기만 하면 구원받는다고 했다. 물론 사실이다. 그런데 예수님을 믿어 구원받은 사람은 예수님의 말씀대로 구원받은 자의 행동을 해서 성도의 정체를 보여야 한다. 구원받은 사람은 열매 맺는 삶을 살게 되어 있다. 그 열매로 구원받은 사람의 여부를 확인할 수 있다. 예수님이 누누이 강조하신 이점에 대해 그동안 한국교회는 침묵

했다. 따라서 오늘 일터에서 예수님의 제자로 살아가는 우리도 말씀을 따라 행동해야 한다. 일하는 제자들은 삶이 따라와야 일터에서 인정받을 수 있다.

그럼 행동하기만 하면 되는가? 좋은 땅에 떨어진 씨앗은 아무런 어려움 없이 잘 자라고 그저 좋은 열매를 맺는가? 아니다. 나름의 어려움이 있다. 그러면 어려움이 있는 데도 어떻게 결실을 하는가? 예수님이 말씀하시기를 인내(忍耐)하라고 하신다. 이 '인내'라는 단어는 마태와 마가복음서 병행구절에는 안 나오고 누가복음에만 나온다. 누가의 특별한 강조이다.

세상의 원리를 보아도 인내로 열매를 맺을 수 있다. 좋은 땅에 떨어져서 식물이 자랄 때에도 어려움이 있다. 가뭄도 있고 더위도 있고 냉해도 있다. 비바람이 몰아쳐 가지가 꺾이기도 한다. 숱한 어려움이 있고 시간이 길면 길수록 어려움이 많다. 인생도 길게 산 어르신들은 인생의 고통을 더 많이 가지고 있다. 아마도 그래서 어른들이 존경받아야 하는 것일 테다. 식물도 긴 날들을 인내하면 열매를 맺는다. 열매를 맺었다는 것은 견뎌냈다는 뜻이다.

장석주 시인의 시 〈대추 한 알〉이 있다. 광화문 교보빌딩의 '광화문 글판'에도 붙어 있었던 시다.

저게 저절로 붉어질 리는 없다.

저 안에 태풍 몇 개
저 안에 천둥 몇 개
저 안에 벼락 몇 개
저 안에 번개 몇 개가 들어서서
붉게 익히는 것일 게다.

저게 저 혼자 둥글어질 리는 없다.
저 안에 무서리 내리는 몇 밤
저 안에 땡볕 두어 달
저 안에 초승달 몇 날이 들어서서
둥글게 만드는 것일 게다.

대추야, 너는
세상과 통하였구나!

이렇게 말씀을 잘 듣고 그 말씀대로 행하는 것이 참된 믿음
이다. 인내하면 결실하게 된다. 예수님은 산상수훈에서도 말씀
의 결론을 내리시면서 바로 이 행함과 열매를 강조하셨다. 열
매로 안다고 하셨다(마 7:20). "나더러 주여 주여 하는 자마다
다 천국에 들어갈 것이 아니요 다만 하늘에 계신 내 아버지의
뜻대로 행하는 자라야 들어가리라"(마 7:21). 예수님은 이런 내

용의 말씀을 자주 강조하셨다. 바울이 자신의 서신을 통해 정리한 칭의와 성화 교리를 예수님은 말씀을 듣고 행하는 삶으로 표현하셨다.

우리는 누가의 이런 강조를 명심하면서 오늘 예수님이 원하시는 믿음의 단계로 나아가야 한다. 말씀을 대하는 자세, 다시 말해 밭을 고치는 성품의 변화가 필요하다. 우리가 부단히 애쓰며 추구해야 한다. 사람들이 다녀서 단단한 길도 파헤치고 밭으로 일굴 수 있다. 넓은 바위는 깨뜨리고 폭파시키면 옥토가 된다. 가시나무 뿌리를 잘 뽑아내고 김매기를 잘해서 가시나무가 자라나지 못하게 하면 좋은 밭이 된다. 이런 성품의 변화로 우리 일하는 제자들이 믿음의 삶을 추구해갈 수 있다. 그러면 우리도 결실하는 제자의 삶을 살 수 있다. 예수님이 말씀하셨다. "들을 귀 있는 자는 들을지어다"(눅 8:8).

일터에서 사랑을 실천하여
믿음을 입증하라

일본 도쿄에 있는 제국호텔(Imperial Hotel)은 미국의 건축가인 프랭크 라이트(Frank Lloyd Wright)가 건축한 호텔이다. 라이트는 호텔의 공사를 맡은 뒤 그 기초공사를 하는 데만 무려 2년이나 매달렸다. 기초공사를 하는 데 너무 많은 시간을 보냈기 때문에 그만큼 돈도 많이 들었고, 사람들은 지나친 기초공사가 낭비일 뿐이라고 엄청난 비난을 퍼부었다. 기초공사를 마친 후 건물을 짓는 데 또 2년이 걸려서 결국 4년 만에 제국호텔을 완공했다. 그런데 이후 도쿄에 대지진이 발생했을 때 도쿄와 관동지방에서 15만여 명이 목숨을 잃을 정도로 피해가 심했고, 도

쿄 시내의 건물 3분의 2가 무너지고 도로가 파손되었다. 하지만 제국호텔은 유리창이 다섯 장 깨진 것이 피해의 전부였고, 그 안에 있던 사람들은 한 명도 다치지 않았다. 이후 프랭크 라이트라는 이름은 지진이 자주 일어나는 일본 건축계의 신화처럼 남아 있다.

건축분야에서 적어도 십수 년 일한 경험을 가졌던 예수님은 산상수훈과 평지설교의 결론으로 전공분야의 사례를 들어 동일한 내용의 말씀을 전하셨다. 말씀을 듣고 행하는 자는 집을 반석 위에 짓는 것과 같다. 말씀의 기초를 든든하게 세우는 일은 바로 말씀을 지켜 행하는 것이다. 누가복음 6장 43~49절은 마태복음에 나오는 산상수훈의 결론과 같은 내용이다. 진정한 믿음은 좋은 열매를 맺어야 하고 말씀을 듣고 행동해야 한다는 것이다. 말씀을 행동으로 옮기는 일이 얼마나 중요하고 어떻게 실천할 수 있는지 살펴보자.

마음에서 입, 그리고
행동으로 나타나는 믿음

평지설교(눅 6:17-49)에서 예수님은 복과 화를 선포하신 후(눅 6:20-26) 제자들에게 원수를 사랑하고 축복하며,

선대하고 기도하며 비판하지 말라는 교훈을 주셨다(눅 6:27-42). 하나님 나라의 제자들의 삶이 어떤 것인지 천국 윤리헌장을 발표하신 것이다. 이후 두 개의 이미지를 통해 평지설교를 마무리하는 장면이 6장 43~49절이다.

첫 번째 이미지는 바로 열매이다. 나무의 열매를 보고 그 나무가 어떤 나무인지 안다는 것이다. 좋은 나무는 좋은 열매를 맺고, 못된 나무는 못된 열매를 맺는다. 예수님은 사람도 선한 열매를 맺어야 한다고 적용하셨다. "선한 사람은 마음에 쌓은 선에서 선을 내고 악한 자는 그 쌓은 악에서 악을 내나니 이는 마음에 가득한 것을 입으로 말함이니라"(눅 2:45). 예수님의 이 말씀에 주목해보자. 사람은 마음에 가득 쌓아놓은 것을 말한다. 예수님을 따르는 제자들은 믿음이 마음에 있다. 그것을 입으로 말해서 그 마음에 있는 믿음을 나타낸다. 바울이 말하는 그대로이다. "사람이 마음으로 믿어 의에 이르고 입으로 시인하여 구원에 이르느니라"(롬 10:10). 믿음을 갖지 않은 사람은 마음속에 예수님이 없다. 그러니 입으로 예수님을 시인하지 않는다. 마음과 입의 상관관계를 우리가 예수님의 첫 번째 열매 비유에서 확인할 수 있다.

물론 예수님이 마음에 쌓은 선과 악을 말씀하신 것은 구원과 관계된 믿음뿐만 아니라 성품과 행동으로 드러나는 도덕적인 선악도 의미한다. 열매가 있는 삶을 강조하신 것이기도 하다.

이런 삶의 열매에 대해서는 행함이 무엇인지에 대해서 다루는 아래 단락에서 생각해보도록 하자.

다음으로 예수님의 두 번째 비유는 우리에게 익숙한 집 짓는 비유이다. 기초를 큰 바위 위에 두고 집을 지은 사람의 집은 홍수가 나도 잘 무너지지 않는다. 그런데 기초도 없이 흙 위에 그저 얼기설기 집을 지어놓은 사람은 홍수가 날 때 그 집이 무너져버리고 만다는 것이다. 그런데 이 두 비유가 어떤 사람들을 가리키는지 우리가 살펴봐야 한다. 예수님이 명확하게 구분해서 설명해주셨다. "너희는 나를 불러 주여 주여 하면서도 어찌하여 내가 말하는 것을 행하지 아니하느냐"(눅 6:46). 이렇게 "주여, 주여!"라고 입으로는 주님을 부르면서 행동은 하지 않는 사람이 있다. 마음속에 있는 믿음을 입으로 나타내면 그것은 좋은 열매를 맺은 사람인 줄 알았는데, 꼭 그렇지는 않은 사람들이 있다는 것이다. 교회 안에도 이런 사람들이 있을 수 있다.

마태복음의 산상수훈을 참고하면 예수님은 이렇게 말씀하신다. "나더러 주여 주여 하는 자마다 다 천국에 들어갈 것이 아니요 다만 하늘에 계신 내 아버지의 뜻대로 행하는 자라야 들어가리라. 그날에 많은 사람이 나더러 이르되 주여 주여 우리가 주의 이름으로 선지자 노릇 하며 주의 이름으로 귀신을 쫓아 내며 주의 이름으로 많은 권능을 행하지 아니하였나이까 하리니 그때에 내가 그들에게 밝히 말하되 내가 너희를 도무지 알지 못하니 불법을 행하는 자들아 내게서 떠나가라 하리라"(마 7:21-23).

심각한 이야기이다. 예수님은 "주여, 주여" 하는 사람들이 많다고 말씀하셨다. 그들은 귀신을 쫓아내고 이적을 행하며 별 희한한 능력을 보여주지만 예수님은 그들에게 불법을 행하는 자들이라고 하면서 거부하신다. 이런 사람이 저 다른 세계에 살고 있는 사람이 아니다. 예수님이 그 설교 듣는 제자와 청중들을 향해 "너희는 나를 불러 주여 주여 하면서도 어찌하여 내가 말하는 것을 행하지 아니하느냐"(눅 6:46)라고 직접 책망하셨다. 오늘날에도 불법을 행하면서도 "주여, 주여!" 말로만 주님을 찾는 사람들이 많이 있을 것이다. 교회 안의 목회자들 중에서나 교우들 중에도 예수님의 책망을 들을 사람들이 틀림없이 있다. 예수님의 이 말씀은 하나도 과장이 아니라고 본다.

결국 우리가 알 수 있는 것은 하나님의 말씀을 듣고 말씀대로 행하는 사람이 하나님의 나라에 들어갈 수 있다는 사실이다. 예수님은 "내게 나아와 내 말을 듣고 행하는 자"(눅 6:47)라고 말씀하신다. 구원받는 믿음은 하나님의 말씀을 듣고 그 말씀대로 살려고 노력하고 행동하는지 살펴보면 확인할 수 있다. 그러면 이제 구원받은 제자가 보여주어야 할 행함은 무엇인지 살펴보자.

행함이 무엇인가?
사랑이 답이다

예수님의 말씀을 듣고 구원받은 사람은 무엇을 행하는가? 바로 평지설교에서 예수님이 이미 말씀하셨다. 원수를 사랑하라고 말씀하셨다. 사랑하고 선대하며, 축복하고 기도하며, 달라면 다 주고, 대접하고 꾸어주며, 자비를 베풀고 비판하지 않고 용서하는 것이다(눅 6:27-42). 예수님이 말씀하신 사랑의 행함은 이 정도이다. 결국 한마디로 말하면 '사랑'이 답이다. 구원받았음을 입증하는 믿음의 행동은 바로 사랑이다. 예수님이 한 율법교사와 대화하며 정리해주신 대로 하나님을 사랑하고 이웃을 자신의 몸같이 사랑하는 사람이 영생을 얻는다(눅 10:25-29). 율법교사가 대답을 잘했을 때 예수님이 말씀하셨다. "네 대답이 옳도다. 이를 행하라. 그러면 살리라." 역시 사랑을 실천하는 일이 중요하다.

톨스토이의 단편소설집에 보면 〈사람은 무엇으로 사는가?〉라는 소설이 있다. 단편소설들을 엮은 단행본을 보면 거의 맨 앞에 놓여 있고, 아예 단편소설집의 제목이 「사람은 무엇으로 사는가?」인 경우도 많다. 이 소설의 내용을 한 번 살펴보자. 구둣방을 하는 세몬과 마트로냐 부부가 있다. 남편이 외투를 만들기 위해 가죽을 사러 갔다. 빌려준 돈을 받아 가죽을 사야 하는데 돈을 조금밖에 못 받고 그 돈으로 술을 마시고 돌아오던 중이었다. 남편이 교회 옆에 벌거벗은 채로 쪼그려 앉아 있는 한 청년을 본다. 처음엔 무섭고 무시하려고 했지만 결국 그 청년에게 외투를 벗어주고 집으로 데려온다. 집에 왔더니 아내는 난리가 났다. "외투 만들 가죽은 안 사오고 술 취해서 부랑자를 데리고 왔나!" 하고 타박하다가 다음날 먹으려고 두었던 빵으로 밥상을 차려주었다. 그러자 청년이 미소를 짓는다. 이 청년이 구두장이 일을 하는 것을 곧잘 도와주어 세몬의 집은 먹고살 만해졌다.

1년 쯤 후에 한 부자가 찾아와서 20루블에 샀다는 가죽을 주면서 1년간 신어도 낡거나 찢어지지 않을 장화를 만들어달라고 한다. 그러면 10루블을 주고 만약 장화가 찢어지면 감옥에 쳐넣는다고 윽박질렀다. 그런데 청년이 싱긋 웃더니 그 비싼 가죽을 잘라서 목이 짧은 실내화를 만들어버렸다. 부부가 절망해 있는데, 부자의 하인이 와서 부자가 죽었으니 장화가 아니라 장례식에 신길 실내화를 만들어달라고 주문한다.

이후 한 5년이 흘렀는데 한 여자가 두 여자 아이를 데리고 와서 가죽신을 주문했다. 그런데 두 여자아이는 그 여인의 친딸들이 아니었다. 아이들의 엄마와 아빠가 죽었고, 그래서 그 여인이 처음엔 불쌍해서 데려다 길렀는데 자기 아들은 죽고 그 두 아이와 함께 살아가고 있다고, 두 아이가 자기의 희망이라고 말했다. 청년이 또 한 번 싱긋 웃는데 하늘에서 빛이 비췄다.

알고 보니 그 청년이 바로 천사였다. 하나님의 명령을 어겨서 날개가 부러져 땅에 떨어진 천사였는데, 세 가지 질문에 답해 오라는 숙제를 받아가지고 왔다. 그 질문은 이렇다. 첫째, 사람의 마음속에 무엇이 있는가? 둘째, 사람에게 허락되지 않는 것은 무엇인가? 셋째, 사람은 무엇으로 사는가?

천사가 찾은 해답은 어떤 것이었을까? 천사가 싱긋 웃음을 지을 때가 바로 답이다. 첫째 질문, "사람의 마음속에는 무엇이 있는가?"에 대한 대답은 천사가 구둣방 안주인이 밥상을 차려 줄 때 답을 찾은 바로 사랑이었다. 타박하고 힘들어 하더라도 벌거벗고 추위에 떠는 자신을 거두어주고 음식을 준 그 사랑이 사람의 마음속에 있었다.

두 번째, "사람에게 허락되지 않은 것은 어떤 것인가?"에 대한 대답은 1년간 찢어지지 않는 장화를 만들라고 했던 그 부자에게 답이 있었다. 그것은 바로 사람에게 자신의 운명, 죽음, 미래를 아는 일이 허락되지 않은 것이다. 그 부자가 그날 죽을 줄도 모르고 1년을 보장하는 장화를 만들라고 한 것이다. 사람은 내일을 모른다.

세 번째, "사람은 무엇으로 사는가?"에 대한 대답은 두 여자 아이를 데리고 온 한 여인에게 답이 있다. 전에 천사는 그 두 아이의 어머니가 아이들을 두고 죽는 게 불쌍해서 살리려고 하다가 세상으로 떨어졌다. 천사가 생각하기를 엄마가 죽으면 그 아이들은 죽을 줄 알았다. 그런데 그 여인이 자기 아들 대신에 두 아이를 잘 양육해서 잘 자라고 있었다. 세 번째 질문의 답은 역시 사랑이었다. 천사는 세 가지 질문에 대한 답을 얻었다. 그 답은 차례로 사랑, 미래를 아는 것, 사랑이었다.

그러니 결국 무엇인가? 1년 뒤에 어떻게 되는지 호들갑떨면서 다른 사람들을 겁주지 말고 오늘, 바로 지금 사랑하라는 것이다. 소설 속에 여러 차례 등장하는 문구가 있다. "인간은 자신만 생각하고 걱정만 하면서 사는 것처럼 보이지만 실은 그들이 사랑으로 살아간다." 천사가 여러 차례 이 말을 한다. 사랑 속에 사는 자는 하나님 안에서 사는 것이다. 하나님이 사랑이시기 때문이다. "하나님이 우리를 사랑하시는 사랑을 우리가 알고 믿었노니 하나님은 사랑이시라. 사랑 안에 거하는 자는 하나님 안에 거하고 하나님도 그의 안에 거하시느니라"(요일 4:16).

이런 하나님의 속성에 근거해서 우리도 사랑을 실천해야 한다. 이것이 바로 행함 있는 믿음이다. 사도 야고보가 목소리를 높여서 외친다. "내 형제들아 만일 사람이 믿음이 있노라 하고 행함이 없으면 무슨 유익이 있으리요. 그 믿음이 능히 자기를 구원하겠느냐"(약 2:14). 말로만 평안히 가라, 덥게 해라, 배부르게 하라고 하면 뭐에 쓰겠는가? "이와 같이 행함이 없는 믿음은 그 자체가 죽은 것이라"(약 2:17). "아아 허탄한 사람아 행함이 없는 믿음이 헛것인 줄을 알고자 하느냐"(약 2:20).

삶 속에서 사랑을 실천하는
진정한 종교개혁

　　　　　이런 사랑은 우리가 구원받은 그리스도인으로서
보여야 할 우리의 행동, 구체적인 세상 속의 삶을 말한다. 1517
년 10월 31일, 가톨릭교회에 반대해 마틴 루터가 비텐베르크 성
당에 95개조 반박문을 붙인 이래 시작된 종교개혁에 대해 우리
는 본질적인 질문을 해봐야 한다. 개혁한 교회는 종교개혁으로
인해 교회의 본질을 회복했는가? 루터가 혁신적으로 제시한 이
신칭의의 구원 교리가 있다. 행위가 아니라 믿음으로만 구원을
받는다는 성경의 기본적인 구원 메시지이다. 또한 만인제사장
론에 근거한 직업소명론이 루터의 혁신적이고 세상을 뒤바꾼
메시지였다. 이런 종교개혁의 열매가 과연 제대로 맺혔는지 종
교개혁 500주년을 지낸 우리는 확인해봐야 한다.

　16세기, 종교개혁의 세기에 루터와 츠빙글리, 그리고 칼뱅 등
의 개혁자들 외에 또 다른 종교개혁자들이 있었다. 아나뱁티스
트(Anabaptist)이다. 흔히 '재세례파' 혹은 '재침례파'로 불리
던 그들은 가톨릭과 개혁교회 양쪽의 박해를 받아 16세기 이후
200년 동안 4천 명의 성도들이 순교당했다. 이들과 종교개혁자
들 간의 갈등을 살펴보면 진정한 행함에 대한 교훈을 얻을 수
있다.

아나뱁티스트는 '다시 세례를 받는다'는 그 이름에서도 알 수 있듯이 본인의 신앙고백에 근거한 '세례'를 강조하면서, 로마 가톨릭교회가 지속적으로 행해 온 유아세례를 거부했다. 또한 아이가 무엇을 알아서 신앙을 고백하고 그 증거로 세례를 주느냐고 반문하면서, 성인이 되어 자기 죄를 고백하고 예수님을 믿는 믿음으로 구원받아서 세례를 받게 해야 한다고 주장했다. 아나뱁티스트들은 이 일에 목숨을 걸었다.

이들이 정의하는 세례란 전통적인 의미의 성례전이 아니었다. 순종하는 제자의 삶의 상징이었다. 내면의 변화인 중생의 경험은 외적으로도 검증되어야 했다. 세례받은 그리스도인들은 예수님이 가셨던 길을 걷는 제자도(discipleship)를 실천해야만 한다고 강조했다. 이 제자도의 실천 훈련이 바로 아나뱁티스트의 소명이었다. 아나뱁티스트가 가톨릭교회나 종교개혁교회들과 차별화되는 지점이 바로 이 제자도였다. 아나뱁티스트들은 종종 종교개혁자들의 그리스도는 '달콤한 그리스도'(Sweet Christ)라고 비난하면서, 진정한 제자도는 '쓰라린 그리스도'(Bitter Christ)의 길을 따르는 것이라고 강조했다. 행동하고 살아 있는 믿음으로 고통을 감수하며 세상에서 실천하는 삶을 보여야 참된 제자도라고 본 것이다.

그들이 제자도를 추구하는 생활의 마당은 교회 안에 한정되지 않았다. 모인 교회뿐만 아니라 흩어진 교회에서도 승리해야 한다고 주장하고 그렇게 행했다. 아나뱁티스트들은 루터의 십자가 신학에도 동의하고 이신칭의 교리도 전적으로 수용했다. 그러나 믿음으로 얻는 구원에 성경적이고 윤리적인 개념을 추가했다. 사실 루터가 믿음으로 구원을 얻는다고 해서 행위를 강조하지 않은 것이 아니다. 루터는 믿음으로 의롭게 된 크리스천은 행동해야 한다는 것을 그의 책 「그리스도인의 자유」에서도 여러 차례 강조했다. 기독교적인 선행, 이웃을 향한 사랑, 이런 삶의 열매는 기독교 신앙을 가진 사람에게 당연하게 나오는 것이라고 했다.

그런데 루터는 이렇게 한탄할 수밖에 없었다. "진정한 그리스도인, 어디 없소?" 그리스도인들 중에 삶으로 제자도를 실천하는 사람을 찾기가 어려웠다. 그래서 아나뱁티스트 지도자인 메노 시몬스는 루터 교인들의 모습에 대해 이렇게 비판했다. "맥주와 포도주를 한껏 마셔 술에 취한 코와 입술로 사냥꾼의 올무에서 벗어났다는 시편을 읊기만 하면 엄지손가락을 치켜들고 복음적인 귀한 형제라고 추켜세우는 것이 과연 타당한 것인가?"

루터 자신도 이런 현실에 대해 매우 안타까워했다. 성경적인 새로운 교회를 세웠지만 사람들에게 영적으로나 도덕적으로 더 나은 모습을 가져다주지 못했다는 사실을 시인했다. 루터는 자신의 책에 진정한 그리스도인의 이름을 따로 기록해두어 명목상의 그리스도인들과 분리시켜보려고 했다. 그런데 계획을 포기해야 했다. 그렇게 믿음을 행동으로 나타내 보이는 사람들을 기록으로 남길 만큼 충분하게 찾지 못했기 때문이다(헤럴드 벤더, 「재세례신앙의 비전」(춘천: KAP, 2008), 62-63쪽).

하지만 아나뱁티스트들은 삶의 현장에서 예수님의 제자로 살아가기 위해 목숨을 걸었다. 그들은 박해받고 순교 당하면서도 세상 속 크리스천으로 모범적이며 탁월한 삶을 살았다. 심지어 적대자들도 인정했다. 스위스 취리히의 종교개혁자 울리히 츠빙글리는 재세례파의 분파독립을 촉발했던 사람으로 재세례파에 대해 적대적이었다. 그런 그가 이런 기록을 남겼다. "만약 여러분이 아나뱁티스트 신자들의 삶과 행위를 조사한다면 우선 나무랄 데 없고, 경건하며, 겸손하여 이 세상 누구보다도 그 삶에 매력을 느끼게 하는 사람들이라는 것을 알게 될 것이다. 그들을 비방하는 사람들조차도 그들의 삶이 훌륭하다는 것을 알게 될 것이다."

가톨릭 사제로 아나뱁티스트를 비난한 책들을 쓰기도 했던 크리스토퍼 피셔는 아나뱁티스트 신자가 영지 관리인으로 인기가 좋고 높은 직책에 고용되어 다른 그리스도인들보다 더 많은 급여를 받는 것을 개탄했다. 어떤 영주들은 아나뱁티스트 신자에게는 회계를 요구하지 않을 정도로 신임한다고 했다. 다른 그리스도인들, 즉 가톨릭교회와 개혁파교회의 신자들은 아나뱁티스트들같이 그렇게 신실하고 믿음직스럽지 않다고 한탄했다(월

리엄 에스텝, 「재침례교도의 역사」(서울: 요단, 1985), 169쪽에서 재인용). 마틴 루터는 직업소명을 선언했지만 아나뱁티스트들은 직업소명을 실천했다.

　오늘 우리도 하나님이 우리에게 주신 직업이 곧 소명이라는 명제를 이해하는 것만으로 만족하지 말고, 실제로 우리의 일터와 삶의 현장에서 소명을 실천해야 한다. 하나님이 주신 비전을 삶 속에서 실천하기 위해 노력해야 종교개혁자의 후예로 하나님이 기뻐하시는 소명의 인생을 사는 것이다. 21세기에 필요한 진정한 종교개혁은 바로 소명을 실천하는 우리의 노력으로 가능해진다.

　사도 야고보는 행함이 있는 믿음에 대해 우리에게 경고성 메시지를 준다. "영혼 없는 몸이 죽은 것같이 행함이 없는 믿음은 죽은 것이니라"(약 2:26). 예수님을 믿어 구원받은 우리는 마음에서부터 우러나오는 말뿐만 아니라 우리의 손과 발을 통해 사랑을 실천해야 한다. 구체적으로 우리의 일터에서 일하는 모습, 삶의 모습에서 크리스천다움을 보여야 한다. 톨스토이가 말한 대로 사람은 사랑으로 산다. 사람의 마음속에는 사랑이 있다. 그 사랑을 꺼내 보이는 일이 바로 우리의 숙제이다. 행함으로 나타나는 믿음이 진짜 믿음이고, 살아 있는 믿음이다. 우리 모두 행함으로 나타나는 믿음을 가지고 살아갈 수 있어야 한다.

C·H·A·P·T·E·R·14

눈을 뜨라. 그리고
예수님을 따르라

설교하는 사람의 직업병이기도 한데, 본문을 정해서 읽기를 반복하고 생각하며 주석과 참고서를 보고 설교를 풀어가려 하는데 잘 안 되는 때가 종종 있다. 잠은 자야 하기에 자료들을 적은 인덱스카드를 잠들기 전에도 보고 생각하면서 잠이 들곤 한다. 자면서, 꿈에서라도 설교를 풀어보고 싶은 심정이다. 언제나 효과를 보는 것은 아니지만 효과가 없지도 않다.

누가복음 18장에서 시각장애인이 등장하는 부분을(눅 18:35-43) 설교해야 하는 주간의 어느 날, 그날도 일찍 일어났는데 문득 이런 생각이 들었다. '눈이 보이지 않는 장애는 참 힘들겠다!'

아직 새벽이라 깜깜해서 방 안의 어느 것도 잘 보이지 않았다. '해가 떠올라 밝아져도 눈을 떠서 볼 수 없다면 얼마나 답답할까!' 이런 생각이 들면서 시각장애인의 고통에 공감해보았다. 예수님이 예루살렘으로 올라가 십자가를 지는 마지막 여행길에 예수님을 만난 한 시각장애인의 이야기는 일하는 제자의 믿음을 보여준다. 그가 어떤 과정을 거치면서 예수님을 따르게 되는지 살펴보자.

"다윗의 자손 예수여, 나를 불쌍히 여기소서."

한 시각장애인이 예수님을 만나 눈을 뜨는 이 사건은 예수님이 십자가에 못 박히시기 일주일쯤 전에 있었던 일이다. 여리고를 거쳐서 이제 예루살렘에 들어가는 그 마지막 여행길에서 있었던 일이다.

누가가 시각장애인 이야기 바로 앞에 기록한 한 단락을 먼저 생각해보는 것이 좋겠다. 예수님이 십자가 죽음과 부활에 대해서 다시 말씀하시는 장면이다(눅 18:31-34). 변화산 사건 전후로 한 번씩 말씀하셨는데 다시 한 번 예수님이 죽음과 부활을 언급하셨다. 누가복음에서는 마지막으로 말씀하신 것이다. 아마 실제로는 기록된 것보다 더 많이 십자가 사역에 대해 예수님이 말씀하셨을 것이다. 제자들은 메시아이신 예수님이 하나님의 나라를 이루고 구원하실 것을 알고 있었고, 그렇게 되기를 희망했다. 하나님이 이스라엘의 통치를 회복시키실 것을 알고 있었다. 그런데 하나님의 나라가 서기 전에 하나님의 죽음, 메시아의 죽음이 먼저 있을 것이라는 사실에 대해서는 전혀 예상하지도, 원하지도 않았다. 누가는 그 말씀이 감추어져 있어서 예수님이 말씀하신 것을 하나도 깨닫지 못했다고 기록한다(눅 18:34).

이렇게 메시아에 대한 예언이 이루어지는 것에 대한 동상이몽이 존재했다. 제자들은 군림하는 왕으로 예수님이 오신 것이라 기대하고 그러길 바랐다. 그런데 예수님은 섬기는 종, 십자가 죽음을 통한 인류의 구원, 그로 인한 하나님 나라의 도래를 의도하셨다. 이런 상황에서 예수님의 십자가 사역 직전에 예루살렘으로 올라가는 길에서 한 시각장애인이 눈을 뜨게 된 것이다. 예수님은 제자들이 진정한 메시아에 대해 말씀하시며 깨닫기를 바라면서 말씀하셔도 그들은 전혀 몰랐다. 눈을 뜨지 못했다. 그런데 이 시각장애인은 눈을 떴다.

이것은 이사야가 예언한 하나님의 종이신 메시아의 모습, 그 메시아가 예수님이라는 사실을 보여주는 의미심장한 사건이다. 이사야가 예언한 종 메시아에 대한 기록을 확인해보자. "나 여호와가 의로 너를 불렀은즉 내가 네 손을 잡아 너를 보호하며 너를 세워 백성의 언약과 이방의 빛이 되게 하리니 네가 눈먼 자들의 눈을 밝히며 갇힌 자를 감옥에서 이끌어 내며 흑암에 앉은 자를 감방에서 나오게 하리라"(사 42:6-7).

이스라엘의 언약과 이방의 빛이신 예수님이 눈먼 자들의 눈을 밝힌다고 한다. 시각장애인의 눈을 뜨게 하는 일이 예수님이 하나님의 종이고, 인류의 구원을 위해 오신 메시아라고 하는 중요한 상징으로 등장하고 있다.

눈을 뜨게 한다는 예언의 말씀을 보니 예수님이 공생애 사역을 시작하시면서 안식일에 나사렛 회당에서 말씀 봉독시간에 찾아 읽으셨던 부분이 기억난다. "선지자 이사야의 글을 드리거늘 책을 펴서 이렇게 기록된 데를 찾으시니 곧 주의 성령이 내게 임하셨으니 이는 가난한 자에게 복음을 전하게 하시려고 내게 기름을 부으시고 나를 보내사 포로 된 자에게 자유를, 눈먼 자에게 다시 보게 함을 전파하며 눌린 자를 자유롭게 하고 주의 은혜의 해를 전파하게 하려 하심이라 하였더라"(눅 4:17-19).

비슷한 내용의 말씀이다. 예수님이 회당에서 두루마리로 읽은 부분은 이사야 61장 1절이었다. 포로 된 자, 눌린 자를 자유롭게 하시고 눈먼 자에게 다시 보게 하신다는 내용이고, 이런 메시야 사역을 일곱 번 안식년을 지낸 후 50년째 사람들과 땅을 회복시키는 구약의 절기인 희년과 연결시켜 '은혜의 해'를 전파하신다고 말씀하셨다(레 25:8-12). 메시아 사역을 시작하실 때도 선언하신 것을 사역의 마감을 앞두고 다시 한 번 실제로 보여주신 사건이다.

예수님이 시각장애인의 눈을 뜨게 하신 이적에 이런 중요한 의미를 부여할 수 있다. 누가의 관심사이고 다른 공관복음서 저자들도 역시 중요하게 여기며 기록하고 있다(마 20:29-34, 막 10:46-52). 특히 제자들은 지난 3년 동안 예수님과 함께하며 예수님의 메시아 사역에 동참했지만 예수님의 십자가 사역에 대해 전혀 알지 못하는 상황이었다. 대조적으로 한 시각장애인이 눈을 뜨고 "네 믿음이 너를 구원하였느니라"는 선언을 하신 점은 제자들에게 참된 제자도를 실습하듯이 보여주신 사건이라 여겨진다. 이 이적 사건의 중요성을 인식하고 한 번 확인해보자.

마가는 이 시각장애인의 이름이 바디매오라고 기록한다(막 10:46). 그런데 복잡한 길에서 사람들이 무리를 지어 가고 있는 상황에서 이렇게 소리를 질렀다. "다윗의 자손 예수여 나를 불쌍히 여기소서"(눅 18:38). 예수님보다 앞서 가는 사람들이 그를 꾸짖어 잠잠하라고 했다. 시끄럽다고 야단을 치는데도 바디매오는 더욱 크게 소리질렀다. "다윗의 자손이여 나를 불쌍히 여기소서"(눅 18:39). 두 번째 소리지를 때는 목소리는 더 크게 하면서도 '예수'라는 이름은 뺀 차이점이 궁금하지 않은가?

시각장애인의 이 재치는 메시아에 대한 제자들과 예수님의 동상이몽과 관련되어 있는 것이다. 제자들이 생각하는 메시아는 로마의 압제를 뒤엎고 유다 왕국을 회복해 새로운 다윗 왕으로 등극하는 것이었다. 그런데 그 메시아의 호칭을 소경이 사용하며 "다윗의 자손 예수여!"라고 외쳤다. 그런데 제자들이나 당시 이스라엘 사람들의 입장에서는 예수님이 새로운 다윗 왕이 되기를 바라는데, 그것을 드러내 놓고 천명할 수는 없는 입장이었다. 유대교 당국자들이 풀어놓은 감찰요원들이 주변에 즐비했을 것이다. 또한 로마 당국에서도 이미 예수를 요주의 인물로 수배해 놓고 있었을 것이다. 그런 상황에서 드러내 놓고 예수가 다윗의 자손이라고 하면 로마에 항거하는 세력으로 몰려서 예수님이 왕위에 등극하지도 못하실 것이라고 보았다.

그러니 시각장애인의 외침을 막은 사람들은 단순히 시끄럽다는 이유 때문에 소리지르지 못한 것이 아닐 수도 있었다. 그런 낌새를 눈치 챈 시각장애인은 두 번째 소리지를 때는 목소리는 더 크게 했지만, 그 다윗의 자손이 예수라는 것은 싹 빼고 소리친 것이다. "다윗의 자손이여!" 메시아는 예수님이라는 고유명사가 아니라 다윗의 자손이라는 일반명사로 누그러뜨려 강조한 것이다.

그런데 너무 지나치게 민감하게 해석한 것일 수도 있다. 이 시각장애인은 그런 점은 별로 개의치 않고 그저 자기의 절박한 소원을 외쳤을 가능성이 높다. 눈을 뜨고 싶어서 그저 소리치는 것밖에 할 일이 없어서 외친 것이다. 눈이 보이지 않으니 귀가 예민했을 것이다. 그는 사람들이 그렇게 말하는 것을 들었다. 누가는 기록하지 않지만 마태의 기록을 보면 전에 두 시각장애인이 예수님에게 "다윗의 자손이여 우리를 불쌍히 여기소서"라고 소리질러서 눈을 뜬 적이 있다(마 9:27-31). 그 소문을 들었을 것이다. 눈을 뜬 두 사람이 나가서 예수의 소문을 그 온 땅에 퍼뜨렸다고 기록한다(마 9:31). 뭔가 아쉬워서 안타까운 사람은 귀가 밝고 눈에 쌍심지를 켠다. 그러면 자기의 처지에 관계되거나 도움이 되는 이야기들이 촉수를 잔뜩 세워둔 레이더망에 다 걸린다.

이래서 이 시각장애인은 소리를 질렀다. 그는 구걸하던 거지였다. 앞을 보지 못하는 거지라니, 이런 딱한 인생이 어디 있는가? 인생의 절박함 때문에 이 사람은 예수님에게 집중했다. 들은 이야기도 괜찮다. 내가 처음 하는 것이 아니라도 좋다. 절박한데 창의적이지 못하면 어떤가? 남이 했던 것을 다시 해도 된다. 자신이 기회를 만든 것도 아니었다. 구걸하는 그 자리로 사람들이 지나갔고 그 중에 예수님이 계신 것이었다. 물론 사람들의 이야기를 들었고 물어보고 확인했다. 그래서 그 기회를 놓치지 않고 냅다 소리를 질렀던 것이다.

얼마 전에 영생을 얻는 방법이 뭔가 알려고 예수님을 찾아온 한 부자관리는 자기가 가진 돈 때문에 예수님이 주신 기회를 걷

어찼다(눅 18:18-23). 그 부자관리는 절박하지 않았기 때문이다. 당장 영생에 대한 해답을 얻지 못해도 자신이 가진 돈이 있으면 안심이 된다고 생각했을 것이다. 그런데 이 시각장애인이었던 바디매오는 아니었다. 그는 가진 것이 아무것도 없었다. 구걸하며 목숨을 이어가야 했고 눈을 볼 수 없으니 할 수 있는 일이 거의 없었다. 그래서 마지막 기회를 잡았다. 지나가시는 예수님에게 올인했다. 이것이 믿음이다. 전적으로 신뢰할 수밖에 없고 예수님만 바라볼 수밖에 없었던 시각장애인의 믿음을 볼 수 있어야 한다.

예수님은 지금 이 땅에 내려오셔서 하실 일 중 가장 중요한 일을 앞두고 계셔서 다른 일에 신경 쓸 여유가 전혀 없어 보였다. 하지만 예수님은 이 사람에게 신속하게 관심을 보여주셨다. 이런 분이 우리 예수님이시다. 사람들은 그가 앞 못 보는 거지라고 무시하고 예수님이 가시는 길에 방해가 되고 체면을 구긴다면서 귀찮은 일이 생기는 것을 피하려고 했다. 그러나 예수님은 이 시각장애인을 결코 무시하지 않으셨다. 가던 길을 멈추셨다. 꽤 멀리 있는 그 사람을 "데려오라"고 하셨다. 뛰어올 거리였다(막 10:50). 그렇게 멀리서 소리치는 이 바디매오의 목소리를 예수님은 지나치지 않으셨다. 소리지르는 사람들이 이 시각장애인만은 아니었을 것이다. 그런데도 예수님은 이 사람에게 관심을 가지셨다. 우리도 예수님을 붙들면 된다. 우리 인생의 정답이다. 죽을 것 같아도 주님에게 답이 있다고 생각하고 외치면 된다.

"네게 무엇을
하여 주기를 원하느냐?"

가까이 온 시각장애인에게 예수님이 물으셨다. "네게 무엇을 하여 주기를 원하느냐"(눅 18:41) 예수님의 질문이 우문이거나 생각 없는 질문같이 들린다. '아이고 예수님, 물을 걸 물으셔야지요? 질문도 좀 가려 하셔야지요? 제가 바라는 것이 다른 무엇이 있겠습니까?' 그런데 그렇지 않다. 예수님의이 질문은 매우 적절한 질문이었다. 이 질문에 대답을 잘해야한다. 의도를 가지고 예수님이 질문하셨다.

예수님이 동일한 질문을 제자들에게 하신 적이 있는데 마가복음의 도움을 받을 수 있다. 마가복음 10장에 보면 "네게 무엇을 하여 주기를 원하느냐?"(51절)라는 질문을 예수님이 바디매오에게 하셨다. 마가는 예수님이 세 번째 죽음과 부활을 말씀하신 기록 후에 바디매오가 눈을 뜬 사건을 기록하기 전 제자 야고보와 요한의 특별한 청탁에 대한 기록을 하고 있다(막 10:35-41). 두 형제 제자는 예수님께 나와서 무엇이든지 구하는 것을 들어주시기 원한다고 요청했다. 그러자 예수님이 말씀하셨다. "너희에게 무엇을 하여 주기를 원하느냐?"(막 10:36). 바디매오에게 하셨던 질문과 동일한 질문을 이미 예수님이 하셨다.

그때 야고보와 요한이 대답했다. "주의 영광중에서 우리를 하나는 주의 우편에, 하나는 좌편에 앉게 하여주옵소서"(막 10:37). 이 정신 나간 두 제자를 어쩌면 좋은가! 예루살렘으로 올라가는 마지막 여행길이고, 십자가 죽음에 대해서 말씀하신(32-34절) 후에 한 자리 하려는 권력 다툼을 하고 있었다. 먼저 손을 쓰기 위해 예수님께 특별히 인상 청탁을 했고, 다른 열 제자도 야고보와 요한에게 화를 내며 그들과 똑같은 마음을 가지고 있었다(막 10:41). 예수님이 제자들에게 말씀하셨다. "너희는 너희가 구하는 것을 알지 못하는도다"(막 10:38). 예수님은 한심한 제자들에게 십자가 고난과 죽음을 의미하는 '잔'을 마시고 '세례'를 받아야 한다고 하셨다(막 10:38). 예수님이 이 땅에 오신 것은 사람들을 섬기며 자기 목숨을 많은 사람의 대속물로 주려 함이라고 말씀하셨다(막 10:45). 제자들은 무엇을 원하는지 깨달아야 했다. 눈을 제대로 뜨고 예수님에 대해 알아야 했다.

"네게 무엇을 하여 주기를 원하느냐?" 주님이 당신에게 이렇게 물으신다면 어떻게 대답하겠는가? 제자들처럼 "한 자리! 감투 하나!"라고 소리치면 안 된다. "뭐니 뭐니 해도 머니!"라고 해도 안 된다. 또 유럽의 동화에 나오는 나무꾼의 이야기처럼 아무 생각도 없어서 그저 "소시지요!"라고 해도 안 된다. "네게 무엇을 하여주기를 원하느냐?" 예수님의 이 중요한 질문에 대답할 준비가 되어 있어야 한다. "저는 무엇을 원하는지도 몰라요"라고 하면 되겠는가? 당신이 인생에서 원하는 게 무엇인가? 예수님의 진지한 질문에 걸맞은 수준의 대답을 할 수 있어야 한다.

바디매오는 예수님의 질문에 이렇게 대답했다. "주여 보기를 원하나이다"(눅 18:41). 눈을 떠서 보는 것이 자신의 인생에서 가장 중요한 문제임을 알고 있었다. 다른 사람들은 기본적으로 누구나 다 보는데, 지금껏 무엇을 본 적이 없던 사람, 들리고 만지는 것만으로 부족한 하나님의 창조세계를 보고 느끼고 싶은 소원이 있었다. 그래서 바디매오는 그의 소원을 말씀드렸다. "주여 보기를 원하나이다." 이 고백은 그저 감상이 아니었다. 애틋함과 가련함과 처절한 슬픔만 담고 있는 소원도 아니었다. 그의 인생의 고백이었다. 평생 가장 중요하게 여기던 것, 그것을 가지고 싶었다.

3호봉 제자들을 제치고
1일차 제자, 예수님을 따르다

바디매오는 자신의 눈으로 보지 못했던 예수님을

신뢰했다. 전적으로 믿었다. 그래서 자신의 평생소원을, 인생의 요구를 말씀드렸다. 다른 여지는 전혀 없었다. 예수님 말고는 자기와 같은 앞 못 보는 사람의 눈을 뜨게 한 사람에 대해서 들어본 적이 없었다. 그분만 믿을 수밖에 없었고, 그 믿음을 예수님이 제대로 평가해주셨다. 예수님이 바디매오에게 말씀하셨다. "보라. 네 믿음이 너를 구원하였느니라."

당시 유식한 사람들, 바리새인 같은 종교적인 사람들, 눈 뜨고 보는 사람들, 그들은 그런 믿음에 이를 수 없었다. 정작 눈을 떠야만 할 제자들조차 바디매오의 믿음을 갖지 못했다. 아예 이해하지도 못했다. 그런데 이 절박한 시각장애인은 예수님을 전적으로 신뢰하는 믿음을 가졌다.

눈 깜짝할 사이에 바디매오의 눈에 찬란한 빛이 새어 들어왔다. 어둠이 밀려나갔다. 눈부신 햇빛이 그의 눈으로 밀려왔다. 코발트색 하늘을 보았다. '저게 구름이구나!' 새가 날아가는 모습이 보였다. 주변에 그렇게 사람들이 많았던 것은 귀로 듣고 예상한 대로였다. 그 사람들의 놀란 얼굴들을 보았다. 그리고 바디매오의 눈에 예수님이 들어왔다. 그의 눈동자 안을 예수님이 가득 채웠다. 예수님의 부드러운 미소를 보았다. 그분의 사랑을 느꼈다. 자기 같은 앞 못 보는 걸인을 돌보아주시는 세상의 왕, 구원주이신 예수님의 눈을 바디매오는 자기의 눈으로, 처음 뜨게 된 눈으로 바라보았다.

이 시각장애인이 시력을 회복한 사건은 이제 예루살렘으로 가면 일주일 안에 십자가 사건이 있고, 부활사건까지 있게 되기 직전에 있었던 일이며, 그 일이 성경에 기록되었다는 점이 중요하다. 복음서 저자들의 의도를 놓치면 안 된다. 예수님을 따르던 제자들도 마땅히 영혼의 눈이 먼 상태에서 치료되어야 했다. 앞의 부자관리는 돈 때문에, 제자들은 지위와 명예에 대한 욕심 때문에 앞을 제대로 볼 수 없었다. 이제 예수님이 예루살렘으로 올라가시면 앞을 못 보고 구걸하는 딱한 인생을 사는 인류가 영의 눈을 뜨고 회복될 것이다. 길가에서 걸식하던 시각장애인 바디매오는 바로 우리 인류를 상징한다. 나를 포함한 모든 사람이다. 물론 반드시 내가 포함되어야 한다.

"보라. 네 믿음이 너를 구원하였느니라." 여기서 구원하였다는 말은 온전하게 되었다는 뜻이다. 한 사람이 단지 육체적으로 치유된 것뿐만 아니라 죄에서 자유함을 얻었음을 표현한다. 예수님의 발에 향유를 부은 여인(눅 7:50)과 혈루증에 걸렸다가 예수님의 옷 가를 만지고 치유받은 여인(눅 8:48)이 바로 이런 영적인 치유를 받았다. 치유받고 돌아와 감사한 사마리아인 한센병 환자(눅 17:19)도 역시 이런 영과 육의 온전한 치유를 받았다.

이제 하나님 나라의 새 시민이 된 바디매오는 '메시아 퍼레이드'에 가담한다. "곧 보게 되어 하나님께 영광을 돌리며 예수를 따르니"(눅 18:43). 바디매오는 그에게 은혜를 베풀어주신 왕 예수를 따르기로 결심했다. 일주일밖에 남지 않았어도 바디매오는 예수 그리스도를 따랐다. 복음서에서 예수님의 제자들 외에 이렇게 예수님을 따른다고 표현된 사람이 별로 없다. 부자관리에게 예수님이 가지고 있는 것을 다 팔아 가난한 자들에게 나눠주고 "나를 따르라"(눅 18:22) 요청하셨다. 그런데 그 부자관리는 근심할 뿐 결국 예수님을 따르지 못했다.

이 "따르다"라는 말은 제자도의 전문용어이다. 예수님을 밀착해서 모시며 스승으로 섬기는 길을 의미한다. 길옆에 있던 그의 전 재산, 거지의 자리, 다른 어떤 거지보다 더 깔끔하고 정리 잘했던 그 영역을 버려두고 떠났다. 자기 생의 근거이자 영역인 곳을 떠나야 예수님을 따를 수 있다. 권리금도 포기하고 따라야 가능한 것이다. 예수님을 따르는 이 일은 바디매오가 눈을 뜬 것만큼 획기적이고 혁명적인 일이다. 이렇게 따르는 일이 곧 믿음이다. "보라. 네 믿음이 너를 구원하였느니라"고 말씀하신 그 믿음이다.

예수님을 따르는 일은 믿음이 있어야 가능하다. 부자관리가 예수님을 따르지 못한 것에 대해 예수님이 말씀하시자 베드로가 자신 있게 말했다. "보옵소서. 우리가 우리의 것을 다 버리고 주를 따랐나이다"(눅 18:28). 그런데 베드로도 결국 제대로 예수님을 따르지 못했다. 다른 제자들도 마찬가지였다. 한 자리를 차지해야만 했기에 예수님을 제대로 따르지 못했다. 그동안 제자생활을 꽉 찬 3년차로 할 만큼 했기에 이제 좀 호강해보려고 주님을 따르지 못했다. 주님을 따르는 일은 믿음으로만 할 수 있다.

바디매오는 예수님을 따랐다. 3년간 밀착해서 따르던 제자들은 제대로 이해하지 못하던 십자가 길을 주님과 함께 걸었다. 그의 이름 바디매오가 베드로를 통해 마가복음에 이름이 기록되어 있는 것을 보면 이 사람이 이후에도 예수님의 제자들 그룹 가까이에서 복음을 전하고 사역했을 가능성이 높다. 초대교회에서 의미 있는 활동을 하며 역할을 해서 많은 사람들이 그의 이름을 기억했을 것이다. "이제 저처럼 세상을 못 보던 사람들을 제가 돕고 싶습니다. 눈을 뜨고 있으나 제대로 볼 수 없는 사람들에게도 인생의 빛이 무엇인지, 세상의 소망이 무엇인지 알려주고 싶습니다. 주님, 주님이 가시는 길을 따르게 하옵소서."

예수님의 십자가 길을 제대로 이해하지 못했던 제자들은 그야말로 꽉 찬 3호봉 제자들이었다. 그들은 제대로 따르지 못하는 십자가로 향하는 발걸음을 이제 막 신입으로 들어온 1일차 제자 바디매오가 내디뎠다. 믿음으로 예수님을 만나고 새로운 세상에 눈을 뜨면서 주님의 제자로 살아가는 인생은 비록 고달프고 힘들 수 있어도 보람되다. 바디매오처럼 눈을 제대로 떠서 복음을 제대로 믿어야 한다. 그래서 우리 삶의 터전에서 주님을 따르는 일하는 제자의 삶을 살아야 한다. 이런 인생이 복된 인생이다. 오늘도 예수님이 우리에게 질문하신다. "네게 무엇을 하여 주기를 원하느냐?" 당신은 어떻게 대답하겠는가? 당신은 일하는 제자로 주님을 따르고 있는가?

여리고로 들어가는 입구 부근에서 구걸하던 바디매오가 예수님을 만나 눈을 떴다. 그는 예수님을 따라 나섰는데, 예수님 일행이 여리고 시내를 지날 때 또 한 사람을 만났다. 그가 바로 여리고 세무서장 삭개오였다. 아마 바디매오도 예수님이 삭개오를 만나시는 장면을 지켜보았을 것이다.

누가가 "세리장이요 부자"라고 소개하는 이 사람은 팔레스타인 땅의 세 곳 세무서 중 가장 노른자위라고 할 수 있는 여리고 세무서의 현지인 세금징수 책임자였다. '삭개오'라는 이름의 뜻이 놀랍게도 '깨끗한 자'라는 뜻이었으니 대단한 아이러니였다. 현대사회에서도 세금과 관련된 부정이 끊이지 않는데 하물며 2천 년 전, 더구나 로마라는 강대국에 속한 식민지의 징세상황이 어땠을지 어렵잖게 상상할 수 있다. 당시 세리는 몸을 파는 여인들과 더불어 죄인의 대명사로 불리는 자들이었고, 한술 더 떠서 '매국노' 취급을 받았다. 동족의 피를 빨아 로마 정부에 상납했다. 로마 정부를 만족시킬 만큼 바치고는 자신도 축재하는 대표적인 친 로마주의자들이었다.

그런 세리장의 자리에 오르기 위해 삭개오는 모든 역경을 헤치고 경쟁자들을 물리쳤을 것이다. 또 그는 돈도 벌만큼 벌었고 돈이 가능하게 해주는 권력의 달콤한 맛도 맛볼 만큼 보았을 것이다. 그 모든 것을 누릴 만큼 나이도 지긋했을 것이다.

그러나 이 여리고 세무서장 삭개오는 풀지 못할 인생의 고민을 가지고 있었다. 안정되고 수입 좋은 직업과 돈을 귀찮을 만큼 가져보았지만 해결할 수 없는 내적 번민을 안고 있었다. 매국노로 따돌림당하는 소외감과 일종의 자책감, 사람들의 수군거리는 소리를 넘어서는 인생의 심각한 고민을 풀어낼 수 없었다.

그러다가 삭개오는 지나가는 기회를 잡았다. 지난 3년 동안 꾸준히 들리던 소문 속의 인물, 예수 그리스도가 여리고를 지나간다는 소식을 들었다. 그래서 그 예수를 만나기로 결심했다. 그러나 사람들이 빽빽하게 늘어선 길에서 길 한복판을 퍼레이드하듯이 사람들 사이에 묻혀 걸어오는 예수님을 보기가 쉽지 않았다. 키가 작은 것은 삭개오 탓이라면 사람들이 많은 것은 환경의 탓이어서 예수님을 만나기가 쉽지 않았다.

그러나 삭개오는 포기하지 않고 길 가에 있는 돌무화과나무에 올라갔다. 자신의 체면을 생각한다면 할 수 없는 일이었다. 사람들이 쳐다보며 '날강도 세금쟁이가 별짓을 다하네!'라고 비웃었을 것이다. 그러나 삭개오는 예수님을 만나기 위한 열정을 가지고 있었기에 가로수 위로 기어 올라갔다. 다만 한 가지 이유 때문이었다. 자신과 같은 세리나 창기들도 박대하지 않으시고 구원의 도리를 가르쳐주신다는 그분 예수님을 만나고 싶었다. 또한 세상을 구원하기 오셨다는 예수님이 자기와 같은 세리였던 마태를 불러 제자로 삼으셨다는 소문도 들었다. 그 예수 그리스도를 만나보고 싶었다.

그런데 놀라운 일이 생겼다. 삭개오가 올라 서 있는 돌무화과 나무 아래로 예수님이 다가오셨다. 나무 위에 올라선 우스꽝스러운 사람 삭개오를 쳐다보신 예수님이 말씀하셨다. "삭개오야!" 그런데 언제 예수님이 삭개오를 만난 적이 있었는가? 그를 만난 적도, 본 적도 없는 예수님이 이렇게 삭개오를 아시고 그의 이름을 먼저 부르셨다. "삭개오야!" 이렇게 삭개오의 이름을 부르시는 예수님은 그가 걸어온 인생의 역정을 아셨다. 그 남자의 고독과 가슴 속 응어리를 아셨다. 상처와 눈물을 알아차리셨고 그가 지금까지 저지른 죄와 나쁜 짓들도 다 아셨다. 그분이 삭개오의 이름을 부르셨다. '삭개오야!'

이제 상황이 바뀌었다. 삭개오가 예수님을 찾았으나 결론적으로는 삭개오를 찾으시고 그를 구원하신 분은 바로 예수님이셨다. 예수님은 이미 다 알고 계셨다. 그리고 아마 '작전'을 하셨을 것이다. 예수님은 삭개오의 집에 가서 식사하고 하룻밤을 주무셨다. 당시 덕망 있는 유대인 랍비들은 죄인들과 교제하는 일이 큰 죄를 짓는 것으로 알았는데, 예수님이 삭개오와 같은 '거물' 죄인과 함께 식사하고 하룻밤을 묵으신다는 것은 상상도 못할 일이었다. 그러나 우리 예수님은 삭개오가 가진 열정보다도 훨씬 큰 열심을 가지고 삭개오의 구원을 위해 활동하셨다. 이 한 영혼 삭개오가 예수님에게는 참으로 중요했기 때문이다. 그래서 십자가를 지러 가는 마지막 여행길 중 하룻밤 시간을 바로 삭개오에게 할애하셨다.

이런 예수님 앞에서 삭개오는 공식적으로 선언했다. "제가 제 전 재산의 절반을 떼어서 가난한 자들에게 나누어주고 과다 징수한 세금은 네 배를 보상하겠습니다." 당시에 성공한 기업인들이 재산의 4분의 1을 사회에 환원하면 양심적인 기업인으로 칭송을 받았다고 한다. 그런데 삭개오는 그 기준의 두 배인 재산의 절반을 떼어 소외된 이웃을 구제한다고 했다. 아니 누가 시켰는가? 예수님이 언제 이 삭개오에게 전에 만났던 부자청년에게 하셨던 것처럼 "가서 너의 재산을 팔아 가난한 자들에게 주라"고 하셨는가? 그런데도 삭개오는 이렇게 결심했다.

또 대부분 과다징수했을 것이 분명한 세금에 대해 네 배로 갚아준다면 삭개오의 재산 중 남는 것이 있었겠는가? 하지만 그는 자신이 변화되었다는 표시를 그렇게 분명하게 했다. 예수님을 만난 후에 그렇게도 집착하던 돈에 대해서 어떤 미련도 남아 있지 않았다는 증거이다. 인생의 목적이 바뀌었다는 신호였다.

하지만 이제 이 빈털터리 삭개오에게 남은 것이 있었다. 예수님이 선언하신 대로 삭개오와 그 가족의 구원이 남았다. 예수님이 선언하셨다. "오늘 구원이 이 집에 이르렀으니 이 사람도 아브라함의 자손임이로다"(눅 19:9). 그리고 중요한 선언을 덧붙여 하셨다. "인자가 온 것은 잃어버린 자를 찾아 구원하려 함이니라"(눅 19:10). 이제 이 구원이 삭개오의 가장 큰 재산, 유일한 재산이 될 것이다.

프레드릭 뷰크너는 「통쾌한 희망사전」((서울: 복있는사람, 2005), 83–84쪽)의 '삭개오' 항목에서 삭개오가 돌무화과나무에서 내려오다가 떨어졌을지도 모른다고 상상한다. 얼마나 놀랐을까? 기쁨에 겨워 허둥댔을 것이다. '혹시나?' 했는데 예수님이 이름을 불러주시고 자기의 집에서 하룻밤 주무시겠다니? 삭개오가 했던 선언은 진심이었다. 자기가 가진 인생의 모든 가치보다 예수님이 중요했다. 그 삭개오를 향해 예수님이 만찬자리에서 이렇게 제안하셨을 것이다. "자, 이 죄인을 위해 만세삼창!" 삭개오 이야기는 가로수였던 돌무화과나무에 걸린 복음이야기인데, 프레드릭 뷰크너는 가장 오래 되고 멋진 익살이라고 마무리했다.

또한 삭개오 이야기에서 우리는 또 하나의 마무리를 놓치면 안 된다. 삭개오의 뒷이야기를 아는가? 어떤 기록도 찾을 수 없지만 우리는 상상할 수 있다. 예수님을 만나 인생의 가장 큰 변화를 경험한 삭개오가 그 길로 예수님을 따랐다는 기록이 나오지 않는다. 삭개오는 바디매오처럼 길에서 예수님을 따르지 않았다. 예수님을 만나 구원받은 삭개오는 변화된 사람의 기쁨과 감격을 누리며 계속 그 거리에 남아 있었다. 자기가 올랐던 돌무화과나무 가로수가 있는 여리고를 떠나지 않았다. 해마다 로마 정부가 입찰을 하는 여리고 세무서장 자리에 다시 도전했을 것이다. 그러나 예전과는 다른 방법으로 일했을 것이다. 예수님을 만난 일하는 제자가 어떻게 비리와 불법이 난무하는 일터에서 주님에게 하듯이 일할 수 있는지 고민했을 것이다.

삭개오는 비록 마태처럼 예수님을 만난 후 예수님을 따르는 제자가 되지는 않았지만 여전히 그의 일터에 남았다. 그래서 일하는 제자가 되었다. 이스라엘 중동부 지역에 살던 유대인들은 '깨끗한 자'라는 이름값을 하는 세리장 한 사람을 만나게 되던 것이다. 이보다 더 살맛나는 일이 어디 있었을까? 21세기의 제자도는 바로 주님을 일터에서 따르는 일하는 제자의 분투기가 되어야 한다. 오늘 주님이 우리를 일하는 제자로 부르신다. 당신이 일터에서 이만한 믿음으로 살아가는 일하는 제자가 되기를 원하신다.

■ **나의 신앙 고백 1**

이 책을 읽고, 이만한 믿음 가운데 가장 도전받았던 부분은
어디인지, 그 이유는 무엇인지 나의 영적 일지를 적어보세요.

....

....

....

....

....

....

....

....

....

■ 나의 신앙 고백 2

이 책을 읽고, 이만한 믿음 가운데 가장 도전받았던 부분은
어디인지, 그 이유는 무엇인지 나의 영적 일지를 적어보세요.

....

....

....

....

....

....

....

....

....

이 책을 읽고, 이만한 믿음 가운데 가장 도전받았던 부분은
어디인지, 그 이유는 무엇인지 나의 영적 일지를 적어보세요.